周显论胜

周 显 / 著

图书在版编目（CIP）数据

周显论胜／周显著.—太原：山西人民出版社，2011.10
ISBN 978-7-203-07397-0

Ⅰ．①周… Ⅱ．①周… Ⅲ．①股票投资—经验 Ⅳ．①F830.91

中国版本图书馆CIP数据核字（2011）第164687号
著作权合同登记号　图字：04-2012-003

原书名：《周显论胜》
作　者：周显
本书中文简体版由香港财经移动出版有限公司授权北京文苑文化发展公司在中国大陆地区独家出版、发行。
ALL RIGHTS RESERVED

周显论胜

著　　者：周　显
责任编辑：贺　权
装帧设计：柏拉图创意机构

出 版 者：山西出版传媒集团·山西人民出版社
地　　址：太原市建设南路21号
邮　　编：030012
发行营销：0351-4922220　4955996　4956039
　　　　　0351-4922127（传真）　4956038（邮购）
E-mail　：sxskcb@163.com　发行部
　　　　　sxskcb@126.com　总编室
网　　址：www.sxskcb.com

经 销 者：山西出版传媒集团·山西人民出版社
承 印 者：三河市航远印刷有限公司

开　　本：710mm×1000mm　1/16
印　　张：12.5
版　　次：2012年6月第1版
印　　次：2012年6月第1次印刷
书　　号：ISBN 978-7-203-07397-0
定　　价：32.00

如果印装质量问题请与本社联系调换

序言一 / 1
序言二 / 6

第一部分：理论

1. 相同的数学，不同的世界 / 15
1.1 前言：数学的共通性 / 15
1.2 生物世界和大型肉食生物的作用 / 17
1.3 金融世界与物理世界 / 22
1.4 量的重要性 / 28
1.5 结语 / 36

第二部分：货币

2. Fiat Money的基础支持 / 39
2.1 前言 / 39
2.3 结语 / 45

第三部分：投资、风险和回报

3. 通货膨胀永远和在任何地方都是货币现象 / 49

3.1 弗里德曼的经典金句 / 49

3.2 "通货膨胀"的定义 / 49

3.3 美国的伊拉克禁运政策 / 50

3.4 香港在20世纪末的例子 / 51

3.5 美国的通货紧缩经验 / 54

3.6 香港的通货紧缩经验 / 54

3.7 英国和美国的滞胀经验 / 55

3.8 两种通胀的定义 / 56

3.9 结论：弗老对投资的洞见 / 57

附 中国A股之谜 / 58

4. 三种赛局 / 63

4.1 前言：投资工具的分类 / 63

4.2 零和游戏 / 63

4.3 同生共死游戏 / 64

4.4 同生共死游戏的深入分析 / 65

4.5 与你同生共死的人的数目 / 66

4.6 庄家游戏 / 67

4.7 结论：同生共死游戏最优胜 / 69

5. 投资、投机、赌博三分法 / 70

5.1 前言 / 70

5.2 投资和投机：传统的定义 / 70

5.3 我的理论：投资、投机、赌博三分法 / 72

5.4 什么是投资？ / 73

5.5 投机的先决条件是机会 / 80

5.6 什么是赌博？ / 83

5.7 长线和短线 / 86

5.8 赌博滋生的快感 / 87

5.9 结论：任何金钱游戏，都要小心 / 89

6. 风险和避险的确定和不确定性 / 90

6.1 什么是风险？ / 90

6.2 风险和不确定性 / 97

6.3 避险 / 101

6.4 结论：投资的倾向性不可避免 / 119

7. 流通性和预期回报率 / 120

7.1 前言 / 120

7.2 什么是流通性 / 120

7.3 公路运输农作物 / 121

7.4 上市公司有如公路 / 121

7.5 银行存款的实例　／　124

7.6 保险的缺点　／　124

7.7 大型屋苑的溢价　／　125

7.8 九龙站的套利　／　125

7.9 结语：高流通低回报定律　／　126

第四部分：美国经济和泡沫

8. 美元和美国经济的本质　／　129

8.1 前言　／　129

8.2 从历史的观点去看　／　129

8.3 罗马的抢钱经验　／　130

8.4 蒙古的商业模式　／　132

8.5 罗马和蒙古的经济模式　／　133

8.6 美国的局限条件　／　134

8.7 美元的印刷　／　135

8.8 贸易的自由　／　135

8.9 金融：美国的新经营模式　／　136

8.10 帝国的衰落　／　137

8.11 近代美国的战争　／　138

8.12 美国在金融海啸的真正损失　／　139

8.13 假设美国衰落 / 140
8.14 结语 / 142

9 啤酒、泡沫、救市 / 143

9.1 前言 / 143
9.2 货币的定义 / 143
9.3 货币和流通速度 / 143
9.4 啤酒和泡沫 / 144
9.5 利率是控制泡沫的小棍子 / 145
9.6 政府救市 / 145
9.7 救市和新的泡沫 / 146
9.8 金融危机的好处 / 147
9.9 感冒和吃西药的比喻 / 147
9.10 大萧条的防止 / 148

10 去杠杆化的分析 / 149

10.1 前言 / 149
10.2 古代的金融体系 / 149
10.3 古人看今人的账目 / 150
10.4 恐怖的平衡 / 151
10.5 去杠杆化的停止 / 151

10.6 1929年和现在的分别 / 152

10.7 风眼中的汇价 / 154

10.8 衍生工具的功用与祸害 / 154

10.9 结论：金融世界天生的不稳定本质 / 156

11. 有关泡沫的一些笔记 / 158

11.1 前言：有关金融泡沫 / 158

11.2 资产和泡沫 / 158

11.3 临界触发点 / 162

11.4 癌病的比喻 / 163

11.5 蝗虫的形成 / 163

11.6 泡沫的突然消失 / 164

第五部分：投资心理学

12 人类心理和投资策略 / 169

12.1 前言：投资就是生活 / 169

12.2 我们对人生的要求 / 169

12.3 投资是什么？ / 170

12.4 满足的多样性 / 171

12.5 未来的不确定性 / 172

12.6 边际效用递减定律 / 172

12.7 投资回报的边际递减 / 173

12.8 保本原则与垃圾投资 / 174

12.9 长期持有的害处 / 175

12.10 Other people's money的投资策略 / 175

12.11 养儿防老，积谷防饥 / 177

12.12 结语 / 177

13 有关时间值的一些例证说明 / 178

13.1 前言 / 178

13.2 时间在投资学的定义 / 178

13.3 在资产赚钱的情况 / 179

13.4 在资产价格下跌的情况 / 180

13.5 蓝筹股和垃圾股的分别 / 181

13.6 陈廷桦老先生的故事 / 182

13.7 先蚀后赚的故事 / 183

13.8 结语 / 184

14 投资的必胜策略 / 185

14.1 必胜法门 / 185

14.2 范式的失败 / 186

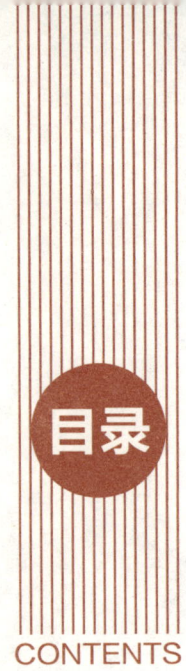

14.3 无法长胜的原因　／　186
14.4 包剪游戏　／　187
14.5 鼻屎好食，鼻囊挖穿　／　187
14.6 结语　／　188

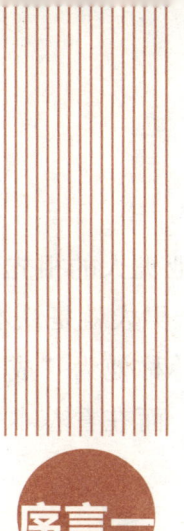

序言一

1.

大概是在1159年,那是一个兔年,一名蒙古人正在打猎,追逐着一只兔子,在追的途中,见到了一滩尿渍。他凭尿渍的几何图形分析出主人是一名女人。于是,他不猎兔了,改为猎女,终于从塔塔儿部找到了女人,抢走了。

这个蒙古人是乞颜部的人,属于孛儿只斤氏,姓"奇渥温",名叫"也速该"。他抢来的妻子叫"诃额伦"。这对夫妇一共生了五个孩子,而也速该和另一个女人"速赤吉勒"也生下了两个子女。诃额伦生下的五个孩子当中,有一个叫"铁木真",相信大家对这个名字和他的故事都早已耳熟能详。

据基因分析统计,亚洲人当中,大约有0.5%的基因都是同一个人的后代，而这个"0.5%亚洲人的祖先"是大约一千年前的一个男人。最大的可能性是，这个男人就是铁木真，或他的家人。

铁木真先生，或者应尊称他为"成吉思汗"，如果没有了他，今日世界历史都全两样了。而在看着本书的一部分人，亦当不可能存在于这个世上。

一切，只源于一泡尿。

2.

中国谚语有云："星星之火，可以燎原。"西方科学家说的"蝴蝶效应"，意含的是：微小的初始条件在经过了一段时间之后，可能演变成截然不同的后果。用物理学的方式去表达，未来是一个"光椎"，越是遥远的未来，越多变数、越困难去预测。

在金融世界玩分析，说穿了，无非就是预测未来的玩意。前面有关"成吉思汗"的例子企图说明，未来是不可以预测的。但另一方面，本书所谈及的内容，却皆是通过研究过去，以图分析未来可能性的法子。以上的两种说法，可以说是、也可以说不是自相矛盾，正如毛泽东同志的说法："矛盾存在于一切普遍事物的发展过程中。"我因而安心地继续自相矛盾下去。

简单点说，我把未来视作为一个数学上的"几率包"，意即什么事情都有可能发生，只是有的事情发生的几率比较大，有的事情发生的几率比较小，如此而已。同时，几率发生在每一个不同的点之上的可能性也有所不同，例如说，当市场上大部分的人都炒得如痴如醉时，股市的下跌风险便会大增，当政府增发货币时，资本市场便有了更大的上升几率。

我有一个朋友，不断地意图找出一个A→B的"必升规律"，例如说，图表上学到的"带尾大阳线"、公司售出认股证、盈利急剧上升……诸如此类。他瞎忙了好几年，都是徒劳无功，找不出任何结果来。因为不论什么样的"公式"，在某些不知原因的情况下，忽然都会变成了"黑洞"：在黑洞之内，所有已知的物理学定律，都会失效。在投资市场，发生这种"黑洞"的现象的几率甚低，但可以肯定的，它一定会出现，因为，万事只是几率。

3.

这是一本论文的结集，内里夹杂了多篇不同主题的文章。然而，不同的主题，通往同一的理论，这就是"吾道一以贯之"。

本来，这类有关金融理论的书是很难卖掉的，因为喜欢金融的人，多半是因为喜欢钱，以及喜欢赚钱，这种对于赚钱并无直接帮助的理论书籍，在香港出版界就是一种灾难。庆幸的是，我在先前出版的三本财经书在过去几年一直长销不断，于是，这本书终于有了出头和出版的一天。它的销路虽然远远不如前三书，但谢天谢地,总算也令出版商赚到了合理的利润。

其实,在我的"财经四书"当中,我最爱的就是这一本。之前写的三本书,其内容在财经界是无人不晓的常识,只是没有人老实地把这些秘而不宣的诀窍公开出来而已。当然,我可大言不惭地说,就算他们要写,也不一定写得出,因为把脑中的离散的知识笆梳整理,自成一套系统,把内容分门别类地写作成书,想来容易,做起来,却是艰巨的工作,我是过来人,很是知其苦和其难的所在。

然而,以上的三书写作过程虽难,内容亦不过是人们已知的知识,但是阁下现在手握着的这一本,却几乎都是全新的理论,全都是由我发明出来的。(我自我感觉)它解决了许多个金融理论界许多年所不能解的大问题,这是我觉得自豪的。但令我觉得惭愧的是,其中推理过程稍为粗疏,我也应该去找出更多更坚实的例子,去充实我的理论。但无论如何,我在本书写下了我的创见,算是问心无愧了。

4.

我在十多年前,写了半部武侠小说,叫《五胡战史》,虽然只写了一半,便没再写下去了。我几乎忘记了此事,后来无意中发现,这本"烂尾之作"竟然在内地颇为流行,看过的读者并不在少，评价也很不错。

　　说句老实话，我并不满意于《五胡战史》的水准。我想乘着出版这一本书的内地版的机会，向看过这半部小说的读者说：我将会把本书重写，并且续完。这并非要给读者一个交待，而是对自己的负责。我虽不以写作为生，却以写作为终身事业，对于我的作品，我是绝对会负责到底。

　　最后，很感激内地的出版社为我出版了此书。我希望内地的读者也会喜欢它，不令出版社亏本。

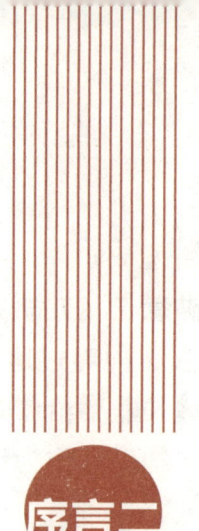

序言二

1.

达尔文在五十岁那一年，出版了《物种起源》，从此改变了整个世界的思维。他在年轻时，跟随海军勘探船在世界各地搜集标本，持续了五年，后来他把这经历写成了《小猎犬号之旅》，成为了畅销作家。又后来，他陆续出版了多本博物学和地质学专著，成为了有名的学者。

据说，《物种起源》是一本不完整的作品，达尔文为这本书的资料搜集花去了半生的时间，但他为求完美，仍然继续在搜寻证据。不过，有天他风闻有人正在撰写相同内容的作品，因此，他也就不得不抢着在资料未全的情况下，把巨著快速完成了。

以上说明的是，无论是怎样的惊世巨著都不可能凭空降世，从绝对的意义看，世上也不可能有在生前成功的划时代的思想家。耶稣只有十二位门徒，其中一位还是叛徒，而耶稣的下场是被钉上了十字架。这与其说是他个人的不幸，不如说是任何一位超越时代的先知的必然下场：因为他超越得太多了，同一时代的人根本没这个能力去理解他，所以他的悲惨下场也有着其必然性。

达尔文的大成功，是因为他领先了时代，但也只是领先了一步而已。只领先一步，不多也不少，这就是成功的秘诀。

只要是种养过生物的人，谁不知道物是可以改良的？只要是研究过地质标本的人，谁不知道化石的层层结构？在达尔文的年代，很多人都抱着同他相同的看法，只是这些看法不过是断句残篇，不能串联成为一套完整的理论，达尔文是第一个把所有的"点"一并儿串联起来的人。尽管这些"点"的知识，早已广泛流传在当时的社会之中，而非由达尔文一人独个掌握。因此，并不排除有另外一人把这些"点"都串联起来，写成一书。达尔文猴急地出版《物种起源》，是有其道理的。

《物种起源》的成功，并不是因为它写出了别人想不到的东西，而是因为它写出了当时人的心中所想。思想永远是模糊的，不完整的，只有当它化成了文字，才能够用逻辑的和系统的方式表达出来。在当时，只有达尔文做到这一步，这成就了他的绝世功业。

2.

我的财经书籍变成了畅销作品，中间经过了好一番的挣扎。2007年，我在财经界默默无闻，没有写博客，没有在任何传媒撰写专栏，没有上过电视当财经演员，贸贸然地出版了一本，销量居然还可以。只不过，那时几乎每一本财经作品都卖得不错，所以出版社也不觉得我的作品有任何特别的市场价值。

没多久，市场掉了下来，财经书籍变成了垃圾，读者少了一大半。我的第二、三本作品变成了无主孤魂，原来的出版社不肯出版。于是我只能找朋友新开设的一个出版社出版。出人意料，书居然颇为畅销：在旺市时，这销量算不了什么，淡市时，可就算是小小的奇迹了。发行商传来的反应是：书的销量并非一下子爆发出来，而是长卖长有，每个月都能卖上数百本，没有萎缩，更没有断绝。

于是，原来的出版商又再版了先前的旧作，跟着不停地再版，现在它的销量已远远超越了首次出版的数量，我也意外地成为了畅销作家。多年前，我当过了好几年作家，那时极想作品成为畅销书，却怎么努力也做不到。现在改了行，不凭这门手艺赚钱了，书却无缘无故地畅销起来，真是有意栽花花不开，无心插柳柳成荫。

3.

　　单靠写书而攒了点名气的财经作家,我是唯一的一个。据我的观察,我的读者群中,并没有多少普通股民,主要是金融界业内人士、学生或者是毕业没多少年的年轻人。这也即是说,我并没有接触到市场的最大读者群体,这可能是好事,可能是坏事,视乎你怎去看:失败之处在于,我还没有被财经图书市场最大的群体注意,但这也代表了本人还有更大的市场空间可以挖掘。

4.

　　至今我一共出版了四本书:《炒股密码》、《周显拣股秘密》、《周显发达指南》,和阁下现在拿着的这一本,我心目中它叫《周显金融投资论文集》,但我想出版商会另改一个更商业化的名字。事实上,其余三书的名字都不是我改的,因为我起的名字通常都会吓怕潜在买家,例如"金融投资论文集"之类。

　　这四本书,原来是一本。当我在2006年底,正在撰写生平的第一本财经书的时候,写了两个月之后,忽然觉得很绝望:为什么越写越多,写来写去也写不完?而且太多的理论分析,自己用读者的眼光去看,也觉沉闷。沉闷也不要紧,最少要做到由浅入深,就像电影的开场,先来一场紧张动作,把观众的心抓进来再说。但按照文理的顺序，则又必须先说理论，再讲实质操作，才叫符合条理。

　　为了把书赶快完成，我决定把最实用的一部分抽了出来，独立成书，这就是《炒股密码》。不妨老实同大家说，跟着出版的三本书，包括这一本在内，都是由2006年的底稿铺写而成，而现在底稿已用完了。

　　如果按照思路的顺序，出版了的这四本书的阅读顺序应该同其出版时间恰好倒转过来：第一步是打好理论的基础，就是这本书；第二步是去了解所有不同的投资工具，就是《周显发达指南》；第三步是搞清股票的本质，这就是《周显捡股秘密》；最后第一步才是炒股的诸般实用法门，就是《炒股密码》了。

5.

　　文章开头说的达尔文故事，是比喻我写的内容根本无甚高论，之所以为读者所接受，并非因为读者想不到，反而是读者早想到了，只是在我之前，没有人写过出来而已。我当然也不是达尔文。同样地，本书的内容也无甚高论，我也不认为是绝世之见，不过这么简单易明的道理，我也真的没见到人写过出来。

　　因为本书说的是理论课题，所以内容会比前书沉闷。这里并非劝导读者别要购买，而是作者自保的"免责条款"，免得读者买后投诉，又或者误会我的写作水准下降了。

6.

  我是在6月3日进医院动手术，6月10日出院，7月4日已把全书完成，中间还腾出了不少时间去写《碳六十之剑》，专栏、博客也没有断绝过，写作速度之快，简直是史无前例。

  说穿了，本篇序并非写给读者，而是作者写给自己，以作为本人有生以来一段最黑暗的历史的片断记录。是为序。

第一部分：

理 论

1．相同的数学，不同的世界

1.1 前言：数学的共通性

在数学上，2+2＝4。

从上述等式中可得知，两个橙加上两个橙，就是四个橙。两个王八蛋加上两个王八蛋，就是四个王八蛋。但我们知道，橙和王八蛋是两种截然不同的食物：

1．橙是芸香科金橘属的一种植物的果实，大自然本来是全不存在的，是亚洲人利用橘子和柚子杂交出来的变种，这种水果又甜又酸，而且纤维充足，是我吃得最多的生果，非喜其甜，爱其酸也。

2．"王八蛋"是一个骂人的名词，也是一种生物。"王八"就是乌龟，也即是最长寿和历史最久的爬行动物，骂人"王八蛋"指的就是"龟蛋"。古时的人用衣服来区分人的等级，最卑贱的人只能穿绿色衣服，戴绿色帽子，因此，妓女又叫"青衣"（青即是绿），"龟公"（古时叫"龟奴"）也得绿衣绿帽，刚好乌龟的脑袋也是绿色的。所以，"王八蛋"即是乌龟的所产，又用来比喻了"扯皮条生的"，即爸爸是龟奴（妈妈多半也可能是失足妇女）的人。

闲话表过，现在我们知道了2+2＝4同时代表了两个橙加上两个橙，也能代表"王八蛋"，甚至可以代表世上所有两件加两件等于四件的事物，不管是鼻子、房子、儿子、王子、戒指、手指、阴司纸、酸枝椅子等等，都是一样的。

以上这一段，看似无聊，其实是为了阐明以下的定理：

既然2+2＝4可以表达了所有"两个加两个等于四个"的现实事物，我们可因此而推论出，一条类似的数学公式也可以代表了世界上许多不同的实际事物。

1.1.1 第一个例子：碎形

这里不去解释什么是"碎形"，只是直接的点出：闪电、河流的分支、树木的枝杈等等，形状都是相同的。这些相同的"碎形"虽然是不同的东西，但其表达的形式都得依循相同的数学。

不同的形状基于相同的数学，它们都是2+2＝4。

1.1.2 第二个例子：黄金比例

另一个更流行的2+2＝4，就是人人熟知的黄金比例，即是1：0.618，从人类的面型比例，到阔银幕电视，都以这个比例最为完美。黄金比例早在二千五百年前的古希腊已发现，后期还大量被应用，但它的本质却是由意大利人斐波那契（Fibonacci）所发现的。他用以下这数列来解释兔子的繁殖：

1. 第一个月有一对刚出生的兔宝宝。
2. 第二个月它们才发育成功，可以繁殖。

3．每月每对兔子可生下两只兔宝宝（即平均每只生一只）。

4．（假设）兔子永不死亡。

于是，兔子每月的总数目分别是：0，1，1，2，3，5，8，13，21，55，89，144，233，377，610，987，1597，2584，4181，6765，10946……每项数值的比例就是1：0.618，也有公式可以计算，就不嗦了。

为什么我们对黄金比例特别感到舒服？皆因无论是兔子生长，以至细胞繁殖，都得依赖这种方法。既然这是生长的方式，因此，非但可以大量应用在大自然之中，人们看起来也就极为顺眼了。

在本文，我尝试使用自然世界的法则，去说明金融世界的内在规律。这并非是一种文学上的比喻法，相反，我的高见是，自然世界和金融世界在某一层次上是同一类的东西，在数学上是等价的，有如2+2=4。

1.2 生物世界和大型肉食生物的作用

我在《周显拣股秘密》中说过："我对金融和经济略有认识，但想来想去，竟然想不出绝大部分的金融工具对人类的福祉有何帮助。相反，害人不浅的东西却多的是……"，不明白我这种"食腐者"对世界的贡献何在。那本书出版后，大约一年半的时间吧，我终于思考出了答案。

1.2.1 生物获取的能量

大家知道,地球上绝大部分的生物的能量,都是来自太阳。前文说的"绝大部分",是因为的确有着一小部分的例外,例如深海的一些生物,是靠着地热温暖着海水,而生物围绕着海水而生存的。但总的来说,地球生物的能量主要是来自太阳,这句话大体不会错,这命题其实与本文的宏旨无什么关系,故此用不着对此深究。

同样地,在人类的经济世界,所有的实质经济来自制造者:农民耕种,种出食物给人们吃;牧人养羊和剪羊毛,裁剪出衣裳给人们穿着;建筑师和建筑工人盖房子,人们可以居住;制造商制造出来车子,以供人们代步。

除了上述的衣食住行之外,我们还有不同的经济行为,都是很容易去解释的,例如说,拍电影和制造DVD机,我们可以得到娱乐,在卡拉OK中,我们可以唱歌。除此之外,还有服务性的行业,例如说,去做脚底按摩,或者是在酒店享受服务,我们很清楚地知道,这些经济活动能够带给我们一定的满足。不光这些,就是赛马会等,我们都很是知道其价值的所在,实在用不着做更多的解释了。

我们可把生物吸收阳光的行为,等同于经济活动:前者是"赚"到了阳光,并且储蓄了下来,后者是为人类赚到了满足,而这些满足可以用金钱去表达,这就是经济活动。

1.2.2 第二级的生物和经济活动

有一些生物，虽然没有直接吸收阳光，而且还依靠吸收阳光的植物的能量，例如蜜蜂，或者是吃水果的猴子。这些生物好像是"吸血鬼"，但植物就是倚靠着它们，以传播后代，换言之，没有这些"第二级的吸血鬼"，初级的（吸收阳光的）生物便不能"可持续发展"下去。

这情况好比在经济世界搞运输，或者是搞零售，虽然不是直接参与生产，但它们对经济活动的贡献，是不说自明的。

1.2.3 第三级生物有何贡献？

现在轮到牛、羊这些食草生物，或者是在水中吃微生物或海草生存的生物。它们吃了初级生物，表面上看，这是掠夺了原始的资源，是"无本生利"的一种方式。但从另一个角度看，不吃也是白不吃，因为初级生物的生产速度太快，如果没有高一级的生物去吃掉一部分，资源根本不够它们去继续以这速度生长下去。

以我自己为例子。我在金融市场操作多年，好像是不务正业，而且还很轻松地吃着广大劳动群众的民脂民膏，但在不务正业吃"免费餐"的同时，我也在消费。我在花钱时，也是在回馈人民。这好比牛羊吃完草后，其大小二便也在为草原施肥，为草原提供了另外一种的营养，使它们的营养更加多样化。

1.2.4 食物链的最高层

狮子老虎位于食物链的最高层，食量既大，也即是消耗能量最多，而且"不劳而获"，几乎是完全用不着吸收阳光（其实是需要的，它们和我们一样，都得吸收阳光来补充钙质，但这只占它所需的能量的极少部分），这很像那些金融大鳄，简直是吃尽人类的资源。

但是，读过生物学的人都知道，狮子和老虎对生态有着不可或缺的调节作用。比它们低级的生物，如果不作调节，也有生长过快的趋势，因此狮子老虎的出现，有效地调节了次级生物的数量。这就好比金融界对实质经济的影响：调节经济发展的速度。

而且正如前文的分析，金融界的人赚了实质经济的钱后，也会花钱在消费上，也会投资在实质经济之上，例如说，不少金融大亨都开了"私伙"的高级餐厅，这对实质经济也是一种正回馈，正如狮子老虎也有拉粪撒尿，吃剩了的食物会给低等动物分吃，残骸会滋润土地，这也包括了它们死了之后，自己的尸体也能"回馈社会"。

1.2.5 生物世界的本质

生物世界有着两大本质，一个是人人皆知的基因遗传，另一则是吸收能量，主要是太阳光。

如果地球没有生物，太阳把能量照射到地球，地球会吸收一部分，也会消散了一部分。地球生物把太阳能吸收了一部分，储存起来，以维持自己的生命，换言之，从物理学的角度看，生物其实是"逆熵"的一种方式。我们不妨这样定义：生物既然是"逆熵"式的储蓄能量，它能储蓄的能量越多，其操作便越是成功。

因此，我们也可以把高级生物视为"储蓄能量"的一种方式。单靠植物吸收阳光，再把吸收到的能量储蓄起来，其贮存能力是非常有限的。如果植物给吃掉了，虽然在数量上是少了，但由于其"生存空间"多了，可以生长得更快……因此，我们不妨把事情反过来看，食草动物有如是植物的"红本存折"，植物把吸收了的能量都存在它们的身上。同样地，处于食物链最高层的狮子老虎，也可看作是一种"储存能量的方式"。

金融世界其实和以上的情况很类似。金融界"吃掉"了一部分的社会财富，但吃掉了的财富并非消失掉，而是储蓄起来，变成了整个社会的财富。理论上，金融世界的财富越多，代表社会的财富越多，反过来说，如果没有金融世界，社会的"总能量"将比现在为少。

有一点是必须注意的：本章只是从生物学的角度说明了金融世界对经济社会的作用。但是，人类的经济目的除了努力把"饼"做大，即是把经济活动的总量增加之外，也包括了分配财富的平均性，这好比生物学上的"生态平衡"，不赘。

1.2.6 生物世界和市场力量

从进化论的观点去看，生物因为互相竞争，生存技巧不断的增高，一代、一代的进化就此而来。市场主义者也认为，资本主义有效地促进了公司的竞争力，正是"物竞天择，适者生存"。

在好的日子，生物大量繁衍，而且很可能集中于在某些生物之上。在经济景气时，公司也大量的出现，有一些特别容易赚钱的行业还可能出现了不少垃圾公司。良好的现状改变时，这些"乘势而生"的不良动物和不良公司便被淘汰了，因此，市场学派的人认为，经济衰退是好事，是消除不良企业的最有效方法，所以政府根本不应该干预。

问题是：人不是生物。

我们乐见生物因进化而淘汰掉不合格的，任由不适合现状的生物死掉。但是，我们允许不适合现代市场的人大量失业，无工可开、饿着肚子吗？其实，令未来人类生活得更好的最佳方法是把愚笨的、长期失业的、不适合社会的人统统杀光，这就是希特勒的逻辑。这也是市场主义者的盲点，这明明是太清楚不过的事情了，这就是极端市场主义有着不人道的地方，因此，我们必须做出某程度的矫正：在维持符合科学原理的市场主义经济的大前提下，作出某程度的歪曲，以维持人道。我不明白这么简单的道理，直到现在也有人不明白，还有这么多的人相信市场原旨主义，而这些人多半还是自以为很精通经济学。

1.3 金融世界与物理世界

我曾经一度爱上了物理学，不停地购买物理学的书来学习，大约维持了五年，有一天忽然发现，每本书都翻来覆去，说着相同的概念，到了这地步，我有两个选择：一是"升级"，去阅读更深奥、更专门的书本。二是放弃。我选择了后者。

然而，因为学懂了基本的物理学，使我对这世界的认识也就深了一层。后来，当我开始在金融世界投资，我渐渐发现了，在金融世界，物理学的基本定理也能应用，尤其是量子物理学。

1.3.1 "几率包"和股价

在物理学上，一颗粒子可以出现在任何的地方，只是在某些地方机会较大，在某些地方机会较微。其实，你的身体可以在下一秒之间，突然飞到了冥王星，不过这个可能性实在太小，小得就算你有命等到宇宙灭亡，也接近不可能出现。就如你不停的掷骰子，理论上，可以连续掷出一千次三条"六"，只要你有这么长命。粒子在不同位置的几率有大有小，你的身体里的粒子的最大几率，全都集中在你的身体之上，因此不会随便"出走"到冥王星去，万一"走掉"了一粒半粒，也是无伤大雅，至少不会整个身体一并突然消失，令你一觉醒来，已身在冥王星。这也好比掷骰子，开8，9，10，11的机会是最大的，开4和17的几率比开围骰（编者注：骰子的一种玩法，二人参与，每人有5颗骰子，点数1在未报过时，可以作为任何数，若一方持有的5颗骰子点数相同，则称为围骰，即相当于有6颗骰子。例如你有四个四，另外一个是1，这就叫围骰，全骰就是：全都是四，没有一）还要少（因为围骰一共有6个可能性，从3条一到3条"六"）。同样地，粒子出现的几率也大部分集中在某些地方。

常常听见股评人说某只股票的合理价格。其实，股票是没有合理价格的。正如玩骰宝游戏，虽然会开大，也会开小，最小的机会是开围骰，但万一开了围骰，也决非"不合理"。

我们不妨把股价视为一个几率包：它在大部分的时间都会出现在某些位置，但是也有"越轨"的可能性，只是这可能性比较低。照我惯常的说法，一只股票的合理股价不可能是一个价位，而是一段波幅，以及一个几率。

用实质的例子去表示：在2010年6月30日，周显大师发表他的水晶球预测，认为"汇丰控股"在未来的一个月之内，合理价格在70元至85元之间，准确的可能性是80%。这好比香港的天气报告只会告诉你明天的度是摄氏30°C。我在加拿大居住时，发现那里的天气预测只会说明天有百分之几的几率有多少度，例如说，95%的几率是25°C，下雨的几率是80%。这种报道天气的方式，显然比"港式报告"更科学性。

我们还有比前述的周显大师的水晶球预测更科学性的说法。再以天气报告为例，通常，越是未来的天气，越难以预测，因此，未来四天的天气报告可以是：

明天：28°C至32°C，准确度95%（为了简单，略去了下雨不下雨的因素）

后天：28°C至33°C，准确度92%

大后天：27°C至32°C，准确度90%

第四天：27°C至33°C，准确度89%

同样道理，我们也可用相同的方法去计算"汇丰控股"的未来股价：

一星期之内：65至75元，准确度85%

一个月之内：60至80元，准确度80%

半年之内：60至90元，准确度80%

总括而言，本节的主题是"合理股价"并不存在，因为股价服从"几率包"的计算，我们只能根据不同的资讯，如公司状况和资金流向，去计算出它在某价位的可能性。在实质的操作上，如果一只股价跌至最低可能性的10%，那便是购入信号，相反，如果它升至最高的10%可能性，你便要沽出了。当然，这只是理论上的说法，因为股价的计算并没有确定的公式，尽管如此，我们仍然可以粗略地去计算，计算方法的理论大家可以参看本书后文的"风险和避险的确定和不确定性"一文。

最后必须一提的是，这个"合理股价"的计算方式，同时也适用于其他的资产合理价，例如黄金等商品，或者是楼价等等。

1.3.2 不确定原理

1925年，德国物理学家海森堡提出了"不确定原理"，指出一颗粒子的位置和动量不可能同时被测量清楚：当你确定其中一项时，另一项的数据便会变得更模糊。这条几乎同狭义相对论同样重要的公式是：

其中"X"是位置，"P"是动量，"h"是普朗克常数，即是量子的基本单位。

套用上一节的"合理股价"的计算模式，假设周显大师估计未来一星期"汇丰控股"的股价是：65至75元，准确度85%。然而，我们也可以把它的股价估计得更精确，例如预测它的股价在68至72元，但准确度则会降至73%。从相反的方向操作，我们也可以把准确度升至95%，但股价的波幅则不得不相应地调整至60至85元之间。

结论是：资产价格的预测有着两个变数：可能波幅和预测的准确度，当你把其中一样推测得更准确时，便得牺牲另一项的数据，反之亦然。因此，这概念和不确定原理在本质上是相同的。

1.3.3 你的行动影响了市场

不确定原理还有另外一个含意：当你去测量一颗粒子的位置时，这测量的本身同时也影响了粒子的动量，因此，你把它的位置测量得越准确，便越测不准它的动量，所以不确定原理又叫"测不准定理"。这道理是基于当你要把一颗粒子的位置测量得更准确时，便要投进更大的能量，把这粒子"抓着不动"，乖乖地任你去测量。问题是：你越是投进更大的能量，便越是影响到粒子原来的运作。

当我们投资在资本市场，购买或沽出时，自己也变成了市场的一部分，也影响到市场价格。当我们的投入越大，对市场的影响也越大，那就越是歪曲了市场。当一些中型投资者投资时，往往忽略了自己对市场的影响。我有一些朋友，股票买得不大、也不小，通常是数百万元上下，在牛市时算不上是大数目，但在市况不佳时，庄家的利润往往只得数百万元。这些朋友的本意料得不错：这股票本来是会被炒起来的，但当他们投下了数百万元去买后，庄家已经赚够了，不炒了，利润就是朋友刚刚买下的数百万元。

以上的只是小儿科。许多大型基金，尤其是靠套利去赚取蝇头小利的对冲基金，往往就是因为投入注码太大，转不了身，因而全军覆没。在1998年，"LTCM基金"，便是因为自己在市场的参与太大而没法转身，导致一步走错，就很难回头了。

1.3.4 不观察的月亮存在吗？

前文说过，任何事情都有发生的机会，问题只在于几率的高低。最有名的比喻是：如果你把一只猴子放在打字机前，只要时间够长，它也没有死去，便可以打出一整套的《莎士比亚全集》出来。

当事件未发生之前，它发生的可能是一个"几率包"，但当事件发生之后，它的其他可能性都"坍塌"（物理学的用词）下来，变成了只有一件的事实。这好比有一个美丽而贤淑的女子，有10名追求者，当她还未选定对象时，这10名追求者究竟谁可雀屏中选，是一个几率包：英俊有钱如古天乐，在几率包中的机会率可能超过一半，但条件差如周显，机会微得只有百万分之一……但当她选中了一人当男友之后，其他的9个可能性都坍塌了。

（请别抬杠，我是知道这女子也有可能一脚踏两船，甚至是以上。但上文只是比喻，不用深究。同时，这女子一脚踏两至多船的可能性，也可包括在几率包中。）

为什么量子物理学会有这样的"几率包"的理论？物理学家认为，一颗电子在接受测量之前，它存在于哪一地方，只是一个"几率包"，这即是说，它并不存在于任何地方，只有在我们开始测量之后，它才不得不定下身来，乖乖地告诉测量者：它现在什么位置。这就是有名的"不被观察的月亮并不存在"。

在投资世界，如果买卖两"闲"，价格也是不可能存在了。任何投资产品的价格，如果没有人参与，都是不存在的。以股票为例子，没有买家、卖家，这股票也就没有价格可言，任何的可能价格只是一个几率包。直至有人参与，买卖成交了，这代表了所有其他价格的可能性都坍塌了，现在只剩下一个可能性，就是现在的市价。

股票的未来价值，也相等于未来无数的几率包，当时间不停地流逝，几率不停地坍塌，新的市场价格便不停地出现了。

1.4 量的重要性

法国大哲学家笛卡儿提倡的方法论中，说要解决大问题，最好的方法是把它分解成多个小问题，把小问题逐一解决，就能得到大问题的答案了。

这种思维，来自简单的数学：1＋1＋1＋1＋1＝5，或2＋2＋2＋2＝8，大是小的总和。可惜，现实世界并非如此，把小的合并起来，实际得到的数字往往并非数学上的总和。我（第一次）写此文时（作者按：本段初写于2007年），是大闸蟹的季节，一只六两重的大闸蟹，其售价远远高于两只三两重的。还有一些东西，是无可分割的，例如人（但你可以说某些人不是东西，常常有人这样骂我），我们不能把一个人分割，变成半个人。人是左右对称的生物，分成两片是可以的，可惜心脏分不了，左右脑分不匀，而且分成两半之后，能合回来，变回一个人吗？

物理学上，有量变引起质变的理论。物质因受热而质变的四个形态，从热到冷是等离子态、气态、液态、固态，这是最为人熟悉的，这在物理学上叫"相变"，即是连样子都变了。有些情况下，没有相变，也有质变，例如一块铀，当重量超逾了二十千克，便会产生连锁反应，即是越来越快的核裂变，这就是核能的基本原理。核子反应堆的"堆"字，就是把铀"堆"积至超过二十千克，连锁反应就能产生核能，用石墨棒把它隔成几堆，反应就会停止。

股票市场和物理世界有很多相似的地方，不确定性是一项，量变造成质变是第二项。我不明白这样简单的道理为何没人提及过。

1.4.1 价格的量

我的《炒股密码》有一章叫"朝三暮四和朝四暮三"，其中提过合股和拆股，本质上，这种做法完全影响不了公司的营运和财务状况，但实际上，投资者对"仙股"（股价低于1元）、"毫股"（股价为几角钱的股票）和"蚊股"（几分钱的股票），以及外国投资者更喜欢的"美元股"（股价超逾7.8元），有着不同的想法。正如美国，一些传统的大型基金甚至不会购买十美元以下的股票，真真正正是大鸡不吃小米。

　　简单点说，拆成毫股或仙股，有利于散户参与，适合希望在市场派货的庄家。相反，合成元股或美元股则可吸引基金入场。相对而言，基金入场可期望"吃更大的茶饭"，英语是"eat bigger tea-rice"，但骗不到基金时，在市场散货给散户是次佳的选择。一个失败的例子是"黄金集团"（股票编号：1031），"赌场股"热时合过股，但豪赌热潮来得快去得更快，概念够性感便难以找到基金接手，后来变身为内蒙古地产股，并且拆细。合股和拆股是自相矛盾的财务伎俩，先合再拆，显得管理阶层的进退失据。

　　由于价位在元、角、分的进位有着不同的意义，股价在某些关口，其涨跌格外不同于其他。举例说，0.98元和0.99元，以及0.99元和1元之间，虽然同是相差1分，但表现会有不同。通常，股价冲破1元后，再上几个价位的机会比较大。这些整数的"大位"，术语称为"心理关口"。

1.4.2 市值的量

　　"朝三暮四和朝四暮三"的主题，正是取笑大部分的投资者只懂看股价，不知市值的重要性。

事实上，不同市值大小的上市公司，其股价有不同的运行模式，这就像物理学上不同尺度的物体，服膺不同的物理规律：黑洞是大质量的事物，同质量比较小的星球的环境完全不同，虽然宇宙间也有质量极小的小型黑洞。人类这种大型动物会行会走，蟑螂这些小昆虫更能爬　，细菌和更小的病毒却不能行走，只能"游泳"。原子和夸克受到很少的重力影响，其"行为"主要服从强作用力。到了最小的尺度，便会受到量子涨落的影响，可以忽然存在、忽然消失，很不稳定。

1.4.2.1 大市值公司

由于蓝筹股有代表性，人们喜欢购买，投资理由是很充分的。"羊群效应"是其中一大原因：大市主要由蓝筹股股民组成，以此为主力，就不会跑输大市，这就是"多人参与的同生共死游戏"（定义请参阅后文"三种赛局"）。散户的想法如此，基金经理的想法更是如此，因为他们的表现并非单看绝对数值，相比来说更重要，要同其他同行的比较。比如说，在大牛市中，比别人赢得少（专业术语是"跑输大市"）固然是死罪，而在股灾中，只要比别人输得少，也可以当赢论。故此，为保住饭碗，很多基金的主力仓都放在热门的股票之上。

正因为有着大量资金的支持，蓝筹股的市盈率通常较高，即是较昂贵。不过，既然有"斗傻"理论，贵买无伤大雅，只要在市场上能找到傻瓜更贵地接货，就可以了。

在物理学上，一个星球的质量有其极限，质量太大的星球就会变成黑洞，这星球就不再存在了。这叫做"强德拉塞卡极限"，大约太阳质量的三倍左右，视乎这星球的密度而定。同样地，一间公司的市值也有其局限。

我们身处在一个有限的世界，市场也是有限的，市场上的金钱也是有限的，故此公司的成长也是有限的。一间公司当成为市场的领导者时，霸占的市场份额越大，它的扩张空间便越小，这是不变的定律。故此当微软控制了全球的操作系统市场时，它的高速增长期就已完结了。它要维持增长的唯一出路，是制造全新的产品，拓展全新的市场，问题是：

1. 推出全新产品有着极大的冒险成分。

2. 没有一个全新市场比得上它原有的软件市场大。就算是完全相同一般的大，也被它完全攻占了，也只能增加100%的利润。但在以前，当它的增长未到极限时，它的增长是以倍数为计算单位的。到了极限的地步，盖茨只能离开微软，创一番全新的事业，那是一个更大的市场，就是慈善市场，在这市场所得到的回报，不是金钱，而是名声和成就感。

由于公司的增长受到市场大小所限制，到了一定的程度，便会感到市场的局限。换句话说，凡是高速增长的东西，到了一定程度，便会放缓下来。

因此，我对极高市盈率而极大市值的股票，都有戒心，因为高市盈率需要高速增长来维持，而大市值的股票意味着市场到了极限或快到极限。故此，这些股票是前途有限，后患无穷的。

1.4.2.2 投资组合的大小

同我合作的经纪，都是能人异士。对于朋友，不妨滥交，因为在家靠父母，出外靠朋友，朋友多，只有好处，不会有坏处。但对于合作伙伴，选择则不能不从严，因为一个"Benz迫力"（办事不力）的经纪，足以令你倾家荡产。我在股市的决定，每多有错，但挑选人的眼光，则从来没有错过。

话说在本人芸芸经纪当中，有一个格外出色的，也是我毕生见过最厉害的炒家，在2007年他为我赚的钱，令我送了一台Mercedes CLS350给他，你说他对我有多重要？

这位仁兄每年拿出来投资股票的现金，不会超过100万，这十年来，回报少则翻倍，那应该是2002年和2003年，最经典的是2007年，三十万成本，赢了一千五百万，真神人也。他的格言是"刀仔锯大树"，赚到的现金，就拿来定期存款，或者是在内地买房子，总之不会再投进股市上，所以是稳赚不赔的。

我们这一伙人，不乏炒低价股的高手，刚才那位仁兄当然是奇才，但所有人在2007年间，最少的都轻而易举地赢了数百万元，而且费的成本都不用太多。事实上，就是我本人，从开始炒股票到现在，几乎每年都能把投资组合翻倍，只是我一直以来，都把赢来的钱全花得光光的，故此投资组合的增值十分慢。

问题来了：这位用三十万赢了一千五百万的奇才，如果投资三百万，是不是可以赢到一亿五千万？答案是：明显不能。

拿着三十万去投资，和拿着三百万去投资，是完全两码子事。我们发掘到一只有潜质涨十倍的股票时，可以一买就是三十万，只要真的上升十倍，就变成三百万了，就算事与愿违，它1%也没升，只要不跌下来，把股票沽出，也能拿回本金。但是，当手里拿着三百万时，并不可能一下子把所有的资金都投到同一股票上。首先，一只可能升十倍的"壳股"（编者注：财务状况很差，只等别人收购后，借壳上市）不可能有太大的成交量，买上三百万元，并非易事。接着，如果这股票硬是不受到大资金关注，你要沽出时，也沽不到三百万，就是终于能完全沽出，也一定先吃了不少眼前亏，要亏本才能卖出。

换言之，投资组合越大，管理越是困难。要三十万本金变成三百万，找出一只升十倍的股票，就完成了。但要把三百万本金变成三千万，可能要找出十只十倍股，那是困难十倍的事。就是你把投资额翻倍，每只股票投进六十万，也得找出五只十倍股，这显然是一件不可能完成的任务。

就我的个人经验，手里拿着三数百万时，可以说是天下无敌，每年一倍利润，简直易如反掌。但当投资组合到达了数千万元时，增长就有困难了。要赌垃圾股吗？的确有十只是赢了，但又有五只输回去，想凭着市场牛气哄哄时大手买进一只股票，投它三五百万元，但市况逆转时，一下子就套牢了，要跑也跑不掉。数千万元的投资组合，要我每年只求两成升幅，我又觉得憋屈，因为只要给我五百万元，我有八成把握可以每年赚到三五百万元，如果碰上了大牛市，就铁定可以过千万的利润。那我要这么大的投资组合干吗？去买楼或定期存款？每年得到几个百分点的收益，那我就更不甘心了！

　　股神巴菲特的投资成绩，是平均每年三成的增长，每逢我看到有人赞扬他，就会细看文章，通常细看之下，都发现作者都是无知之辈，写的是无稽之谈。简言之，就是作者都不懂得股票的"量"的奥秘。

　　例如说，巴菲特在金融海啸前夕入市，被批评为入市太早，买不到最平的货。实则大户不同散户，他们无论购入和沽出的行为，都要一段颇长的时间，才能买齐心目中的货的数量。故此他们必须在最低位出现之前的一段不短的时间，便开始入市买货，才能达成买入的数量指标。批评巴菲特的人的道行太浅，根本想不到这一点。

　　每年三成增长，易如反掌，问题是你的投资组合有多大。如果是数万元、数十万元、数百万元，那就连我这种质素的人也可轻易超额完成，那些只满足于三成（或以下）增长的股评人，根本应该掘地自埋，因为太羞耻了。巴菲特的高明处在于，他持有的投资组合从数百亿元、到数千亿元，到万亿元（以港元计），一直能够维持三成的平均增幅。反观一直以"大师"自誉的本人，到了数千万元，就难以为继，无法控制这个投资组合，因此反赢为输，其道行也就相差太远了。

　　本金一万元、十万元、一百万元、一千万元、一亿元、十亿元、一百亿元、一千亿元、一万亿元，其投资思维、策略和执行方式都有不同，市面上绝大部分值得一读的投资书籍，其理论都是给一千万元投资组合以上（或更多）的投资者使用的，皆因大部分的作者都是基金经理，他们从未（或很少）有小本投资的机会。用李嘉诚经营和黄的方式，去运作你独资经营的小杂货店，一看就知是极其愚蠢的事，但投资书籍会常常使用基金的思维去指导散户，大部分人也信以为真。这令我得出一个结论：我真的不算很聪明，但世上的笨蛋实在太多了。

（作者按：有关"量"的章节是三年前写成的，本该附在《炒股密码》之内，但后来觉得格格不入，还是删去了。现在放在本章节，内容是对头了，但因是中途插入，与上下文对比，不甚顺畅，希望读者原谅。）

1.5 结语

本文是极度学术性的作品。除了笔者本人之外，不知世上还有谁人对这课题有兴趣。当读者阅读了本文之后，应该对金融市场的认识又加深了一层。

最后，可以比拟金融世界的"相同数学"其实还有很多，有一些在后文复述了，另一些觉得并不甚有趣，对于金融市场的本质也没有揭橥的意义，就不提了。

第二部分：

货 币

2. Fiat Money的基础支持

2.1 前言

　　这篇本来是另一篇文章的一部分，但写后发现同其他部分硬是结合不来，很是异相，因此抽掉了出来。抽掉之后又有点儿舍不得，所以改写了部分，变成独立成篇。

　　由于本文只是"断篇"，内容其实无甚创意，卑之无甚高论，不过，读者看了之后，先别喝倒彩。至少你不能不承认，我的表达手法还算蛮不错，看起来不会太闷。

2.2 没有绝对的fiat money

　　教科书告诉我们，美元是没有基础的"fiat money"，这句话只能说是半对半错。世界上没有一种稳定的货币是没有基础的，这等于一条无锚的船，很容易便会沉没。没有锚的货币很快就会完蛋大吉，例如国共战争时期的"金元券"，又如不久前的津巴布韦币。

　　附带一提：一千亿元面额的津巴布韦币现已绝版，但我同意，这张钞票很有收藏价值，也很好玩，正如今日看"金元券"，也觉得有历史价值。津巴布韦币在网上好像有人出售，如果价钱合理，我是会买一张的。

2.2.1 基本锚：发行量

货币的最基本的锚，就是其发行量。

货币发行得越多，它的价值越低，货币发行量越少，它的价值越高，这是铁律。无论是哪一个国家，实行的是哪一种货币制度，不管它是同贵金属挂钩、同一种强势货币挂钩、同一篮子货币挂钩，或者是自由浮动，均无法脱离这一只最最基本的"发行量锚"。就算是人们以为是任印无妨的美元，也不可能脱离这个最基本的锚。

事实上，以上这段分析正是出自美国联储局主席伯南克的著作：《通货膨胀目标制》。

理论上，只要发行量不多，任何一种货币都可以保持稳定。如果我发行一只"周显币"，发行量只限于十万元，这币值也就可以同港元一样的稳固。因为大家相信，周显这个人虽然极不可靠，但是十万元他还是付得出来的。

这正如我在"锄大弟"时，输了钱，写了一张支票给赢家。赢家往往并不兑现这张支票，而是在另个张赌局中，输钱后，用了我写的这张支票来作偿还。在我们一伙赌徒的圈子当中，一张支票转手十数遍，是极常见的事情。在这情况下，我签下的支票有如我发行的"周显币"，期间是完全没有分别的。事实上，如果李嘉诚开出了一万张面值一万元的支票，没有抬头人，也没有日期，只要人们相信李嘉诚的偿付能力，这些支票完全可以当为现金使用。这在技术上完全相等于李嘉诚发行了自己的钞票。

2.2.2 国民的生产力

货币的基础除了其"发行量锚"之外，第二个就是国民的生产力。

前面说了，一个国家的货币就如周显先生写出的支票。假如有人发现了，周显先生是个空心老倌，户头里一分钱也没有，但他写出了一张十万元的支票。问题是：这张户头上没钱的支票还有没有价值呢？

于是大家追查下去，发现周显这个废人的户头上虽然没钱，但是他写的书还有读者会买，虽然身为作家，收入并不多，但是十万元的款项还是能付得出的。因此，我写出的十万元支票还是能值上点钱的，可能是八折，或七折收费，但不会一文不值。

像美元，它虽然是没有任何保证，但美国是有赚钱能力的国家，即是有偿还能力，因此美元还是有其基础的。

2.2.3 挂钩的货币

理论上最安全的货币，当然是同有价值的东西挂钩的货币了，其中最有名的就是金本位，香港人最熟悉的就是联系汇率，相信大家耳熟能详，就不多说了。

除了黄金和美元之外，以前中国用的是白银本位，西方主要是金银混合本位，最主要的原因是，当时的黄金不像今日这么多，数量不足，便不足以成为货币。当黄金在19世纪被大量发现后，西方才陆续取消了金银混合本位，采用了更简单的金本位。

除了金银和外汇本位之外，货币的还有别的保证方式，例如资源、土地等等，都可以用作抵押货币。不过，大家必须记着最重要的一点，就是无论是任何的本位，其保证都不是百分之百的。或者不如索性说，任何本位的货币，都经不住时间的考验，到了最后，百分之百会脱钩，或是贬值。

在过去三四千年的人类历史当中，出现过数以万计的货币，没有一种不是滥印的下场：银币会缩水，或混入廉价金属，钞票会滥印。英镑是世界有史以来最可靠的货币，但英镑的原始意思，是它同白银挂钩，一镑换一磅白银，相比现在的一英镑价值，也跌去了95%。

记着一点：无论是任何本位，并不一定需要百分之百的储备，以备人民去兑换，只要人民对政府的财政有信心，部分的储备已足够应付。这就像银行的储备，留给客户去提款，也用不着百分之百。像香港金管局这种稳妥的情况，有着超过百分之百的储备，反而是少有的。

2.2.4 自由浮动货币的保证

一种货币可以像港元兑美元般，硬生生地盯住7.8：1的汇率，也可以选择另一方式：自由浮动。这正如我开出的一张十万元支票，户头上可以有钱，也可以没钱。没有钱的户头，都会有人相信。这就是自由浮动。

　　为什么我的户头里没有钱，但还有人相信呢？其中一个原因，是前述我的赚钱能力，这相当于国家货币的国民生产力。其实还有一个更深层次的原因：我开出的是汇丰银行的支票，我在汇丰银行虽然没有存款，不过，我在恒生银行却有十万元存款。说到头来，我的这张汇丰银行支票虽是空头，但别人看在我在恒生银行的户口有着十万元现金存款，对我的信心当然也大增了。就算恒生银行没有十万元，只有八万元，对于收下了我的支票的人来说，有八万元的"支持"，总比一元也没有为佳，也有信心得多。

　　香港的联系汇率，说穿了，就是汇丰银行支票户头上有钱，保证可以兑换。如果是自由浮动汇率，就是支票户头上没钱，但是国家是有储备的，这些汇备就像是周显在恒生银行户头上的钱，理论上和实际上，当有需要时，一定会用来支持开出来的"支票"。这正如周显当收到了银行的通知，告知有支票要兑现时，也会从恒生银行搬钱到汇丰银行，不会轻易让自己"弹票"。

　　以欧元为例子，虽然它也是"fiat money"，但是欧洲中央银行和各成员国有着大量的黄金和外汇储备。市场相信，在有需要时，这些储备是会用来支持欧元的。美元也是一样。虽然，大家必须知道，在fiat money的世界，这并非一种必然的保证。

2.2.5 闭合集

假设你有一本阿拉伯文字典，里面的内容全是用阿拉伯文来解释阿拉伯文。如果你完全不认识阿拉伯文，翻完了整本字典，也不可能认识到任何一个阿拉伯文字。这本阿拉伯文字典就是一个闭合集，里面的所有内容都只是一个循环。

同样道理，如果所有国家的储备都是外汇，而这些外汇都是 fiat money，这些外汇储备统统不过是闭合集，是你持有我，我持有你，互相持有的债务而已。这些就像赌钱时所用的筹码，大家可以互相兑换，但如果最终不能换成现金，是没有任何意义的。

因此有人认为，黄金还是有着其实质意义的，因为黄金是"外汇闭合集"以外的东西。

2.2.6 世界的黄金储备

目前世界各国大约有三万至四万公吨的黄金储备，这是黄金总量的两至三成，其他的主要部分则分藏在私人的手里。这三四万公吨当中，欧盟拥有一万，美国有八千，中国则只得一千，比德国、法国、意大利还要少。

虽然世上已没有了金本位国家，可是世界所有货币的唯一支持基础，还是黄金，因为黄金是闭合集以外的最重要储备：这不是阿拉伯文字典，而是有中文或英文的阿拉伯文双语字典。

值得注意的是，很多人认为，美元的最大基础是依靠其黄金储备，不过，这些年来，美国一直减持着其黄金储备。它在"二战"

后，曾经拥有世界各国黄金储备的一半以上，但这五六十年来，各国的储备都增加了，但美国反而减少了一半以上。不过最有趣的是，绝大部分的这些黄金储备都是存在美国，如果各国政府买卖黄金，根本用不着搬动，照弗里德曼的说法，只是将贴着黄金的一个牌子，从一个国家转换成另一个国家，就是这样了。虽然我实在很怀疑弗里德曼的这种说法，因为反正都是记账，应该连贴牌子都不用了吧？

换言之，世界上绝大部分的储备黄金都是在美国的手里，它是不是拥有这些黄金，那又有什么关系呢？美国之所以一直减持黄金，令我想起了一个比喻：上市公司控制了一栋优质大厦，大股东控制了公司，继而出售了不少公司的股票，收回大笔现金，但大厦仍然握在上市公司的手里，任由大股东控制。你说这位老板，是聪明，还是笨呢？

2.3 结语

很多人认为，美元最大的基础支持，不是Fort Knox的黄金，而是它天下无敌的武力。关于这一点，我另文叙述了，在此不提。

第三部分：

投资、风险和回报

3. 通货膨胀永远和在任何地方都是货币现象

3.1 弗里德曼的经典金句

如果有人要我用一句话概括"投资",我会引用弗里德曼在《美国货币史,1867-1960)》中说的经典名句:"通货膨胀在任何地方都永远是货币现象。"(Inflation is always and everywhere a monetary phenomenon.)我认为,投资的真谛尽在这句真言之中。当明白了这句话,便能明白投资的本质了。

3.2 "通货膨胀"的定义

固然,货币的数量是影响通胀的最重要因素,但是,在经济学教科书中,我们也学到了另外一些通胀的原因,例如说,经济增长、输入通胀等等。弗老的这句老话,究竟是遭人断章取义了,还是有什么"内情"?

我的高见是,正如弗老所言,"货币"单独已构成了通胀的必要条件和充分条件,其他的所谓理由,即是例如经济增长、输入通胀等等,充其量只是这警句的注脚罢了。

"通货膨胀"的字面意义中的"通货",本来就是指"流通货币"，而与"货物"无关。顾名思义，"通货膨胀"的意思当然就是代表了"流通的货币增加了"，至于"物价普遍上升"，或者是"物价膨胀"则是另一个名词，另一种相近的概念，但并非绝对等同。从这字面的角度看，通货膨胀当然只可能是货币现象了，因为这两者只是同义反复罢了。

如果要分析这警句的内在涵义，未免太过复杂，以我的文字能力，未必能解释清楚，因此我决定效法会考学生答题目："请举例说明之。"

3.3 美国的伊拉克禁运政策

现在让我们做一个假设：1990年，伊拉克入侵科威特，美国开始对伊拉克实施禁运，结果令伊拉克陷入恶性通胀。根据最简单的供求定律，货物少了，物价当然上升。伊拉克当局也大印钞票，这直接导致了当地的恶性通货膨胀，道理很简单，是不是？

现在是一个假设性问题：如果美国实施了禁运，但伊拉克并不大开印钞机，也不降低利率，即货币数量没有增加，而是继续维持现有的货币数目。在这客观情况下，通胀会不会出现呢？

答案是：不会。如果伊拉克当局这样做，照样可以维持"零"通胀。

分析这问题是很简单的事儿：如果我的收入有一万元，吃饭开支是三千元，其他支出是七千。假如有一天，米贵，食物价格大增，我每个月变成了要吃六千元的饭，我该怎么办呢？

没有办法，无计可施。吃饭是必需品，不吃就会死，既然吃饭的支出增加了，唯一就是减低其他支出，把其他支出从每月七千元，减至四千元，此外别无他法。因此，在收入（也即是货币供应）不变的情况下，我每个月都只能花上一万元，只是当其他物品的价格上升了，我对收入的分配有所不同罢了。

说回美国对伊拉克的禁运，正如前文所言，如果单是禁运，伊拉克当局并不印钞和减息，于是，原来流通市面的"一万元"货币照样是一万元，维持不变。伊拉克人民面对着物价上升，他们的唯一选择就是少买点其他东西，留下钱来购买必需品。结果就是：当必需品的物价上升时，其他东西的价格就会下跌。

这即是说，当"一万元"的数目维持不变时，必需品的价钱上升了，其他商品的价格必定下跌。因为收入没有增加时，不管物价怎么变动，货币的总数目是不变的，商品价格的总量也就不会变。

在这假设的情况下，必需品的价格飞升了，将会影响到哪一种商品的价格下跌呢？答案是投资品，因为这是最不必需的商品。毫无疑问的，其房地产价格将会直线下跌，在伊拉克证券交易所买卖的股票价格也将大跌。

3.4 香港在20世纪末的例子

现在把场景换到了香港。在20世纪的八九十年代，香港的经济腾飞，市民的收入增加了，但资产价格，例如房地产和股票，增长得比经济增长得更快，而且快得多。这究竟是什么理由呢？

正解是：

如果你的薪金增加了一倍，这是很值得高兴的事。但先别乐得太早，原来在你的薪水倍增的同时，市面所的商品的价格也相应增加一倍，原价六元的报纸，现售十二元，原价二百万的房子，现售四百万元……很明显，在这种客观环境下的加薪一倍，同没有加薪是几乎没有分别的。

深入一点去分析，你加薪了一倍，只是微观上的加薪一倍，如果整个社会的货币都增加了一倍，那是宏观上的"加薪"一倍。如果你的薪水从一万元加至两万元，你的支出也是增加了一倍。这里指的"支出"是概念上的，并不止于消费，也包括了储蓄和投资，也就是说，这两万元你是一定要全数"支出"的，不是拿来消费，就是拿来投资，不可能凭空消失了。

从宏观的角度看，如果整个社会的货币量增加了一倍，整个社会的"支出"（记着是包括了储蓄和投资）也将增加一倍，当然，通胀率就是一倍。这是不可能错的定律。

正如前面所举的例子，如果薪水升了一倍，物价也升了一倍，这种"加薪"毫无意义。但也正如弗老的名句所揭橥，无论人民的收入增加了多少，也即是无论货币的增长是多少，物价一定随着相应地增加了，而且增加的数量是绝对相同的。以上的推论好像十分正常，但一个有正常脑筋的人不免会问：那么，什么是经济增长呢？

我们很明显地感觉到，经济增长令我们的生活质素变好了，这是实实在在的，没有人可以置疑的。如果收入和物价永远是同幅度变化，真正的经济增长、真正的人民生活改善，就不可能存在了。既然事实同上面的分析有着矛盾，那一定是上述的分析有着没有解释到的盲点。因为事实是不会错的。

答案是：在经济增长的时候，如果货币的数量增加了，物价虽然也会提升，可是不同的商品的价格上升速度并不一致。一般的情况而言，越是日常的用品，价钱越是提升得慢，至少比不上人民收入的增速。因此，人民这才会觉得生活质素上升了。

但从另一方面看，当货币数量不变的情况下，甲商品的价格降低了，必然导致乙商品的价格上升。因此，当货币的数量在实质上是增加了，而日常生活用品的价格并不相应提升，结果就是通货膨胀落在其他的非日用品的身上。

以20世纪八九十年代的香港为例子，经济增长、货币增加，柴米油盐等等日常用品的价格上升缓慢，人民手里的闲钱也就增多了。而这些钱的唯一出路，便是流到了投资工具之上，在当时房地产和股票价格齐齐狂升，原因正是为此。

同样道理，当每个国家的经济快速增长时，投资品的价格上升速度一定快于日常用品，同时，奢侈品的上升速度也一定快于日用品，因为这正是经济增长的代表性现象。20世纪末的香港，和现阶段的内地，都是活生生的例子。

3.5 美国的通货紧缩经验

如果经济增长而货币供给不足，这并不一定代表了货币的实际发行量减少了。另一个可能性是货币虽然增加了，但经济增长的速度快于货币增长，例如说，经济增长是5%，货币增长是3%。在这情况下，也会出现通货收缩的现象。

在一百年前，世界上的国家还是普遍采用金本位、银本位，或金银混合本位，当一个国家采用了金属本位时，便不可能拥有独立的货币政策，因此当经济增长时，货币并不能相应地增长，这就造成了通货收缩。弗里德曼在《美国货币史》中，详述了美国从1867年到1897这三十年间，前十五年的经济增长率是4.8%，后十五的经济年增长率是3.7%，而每年的通货紧缩率超过1%，也即是说，每年的平均货币购买力增加了。这就是活生生的例子。

相信大家有生以来没有见过经济增长背景下通货紧缩，但我可以告诉大家，在这情况下，日常用品的减价会较快，而投资工具如股票房地产等的跌价则较慢，甚至在有些极端的情况下，投资品不跌而微升，这得视乎当经济增长（和货币的减速有多慢）有多快而定。

3.6 香港的通货紧缩经验

香港在回归之后，经历了6至7年的通缩（中间有一年反弹了），同时，我们的经济亦同时在下跌。

大家从这段历史可以看到，在那段日子里，一般市民的收入下降了，而日常用品的价格下跌得较慢，而投资工具的价格则快速下跌，例如股票和房地产。由于生活必需品的价格下调得比收入慢，也就是说，工资减少得速度较快，而柴米油盐的价格降低得速度较慢，工薪阶层和中产阶级因而叫苦连天。

3.7 英国和美国的滞胀经验

"滞胀"（stagflation）这名词是英国人发明的，意指高通胀率和高失业率的同时出现。在古典的经济学中，这两者是对立的：高通胀率便会低失业率，低失业率便会高通胀率，两者是互相矛盾的，因此政府往往可以利用高通胀率（以刺激经济）来降低失业率。这当然是书生之见，不过也不是没有一点道理。以"一战"后的战败国德国为例，通胀率破了有史以来的纪录，但它的失业率却不到2%，而奉行低通胀政策的英国，虽然是战胜国，失业率则高达14%。

对于"滞胀"，我的高见很简单：高通胀率的确拉低了失业率，之所以出现"双高"的现象，皆因如果把通胀率也拉低了，失业率将会比现实更高！这好比我在手术后吃止痛药，吃了还在痛，原因很简单：这并非止痛药无效，而是因为不吃会更痛！

总之，英国在20世纪六七十年代，美国在七八十年代，都遇上了"滞胀"的痛苦。

其实，说穿了，当通货膨胀了，但是经济却没有增长，便很有可能出现"滞胀"的现象。这里并不打算讨论"滞胀"的出现成因，而是从实际的角度去想：通货膨胀而实质经济下滑，对于不同商品的价格有什么影响呢？

如果遵从前述的"周显法则"，在这情况下，日用品的价格将会大涨特涨，投资工具的价格则要么升得较慢，要么不升反跌。其实，这就是伊拉克情况的翻版，没有任何值得奇怪的地方。事实上，美国在滞胀出现的十多年间，正是物价上升、资产价格停滞。

我之所以不厌其烦地提出这一段，是在2010年，人人都看到了全世界大印钞票，预期了未来通胀必将来临。不少人因此而有着通胀预期，认为资产会因而水涨船高，大幅升值。但实际上，正如前文所分析，纵使通胀重临，如果没有经济增长这有利因素，日常用品的价格增幅必定高于股票和房地产这些投资工具。如果通胀的幅度不够高，只在5%至6%左右，房地产价格甚至有可能还会下跌。

在世界宏观的眼光看来，香港人是井底之蛙，从来没有见过"通胀来临，但资产价格下跌"的情况。但这现象确实是会出现的，而且以前在别的地方，如美国，或解放前的中国，都曾经出现过，而且将来在别的地方也很有可能会出现。而香港在可见的将来，也很可能会出现。

3.8 两种通胀的定义

因此，弗里德曼的名言："通货膨胀永远和在任何地方都是货币现象。"这句话根本就是"套套逻辑"（tautology的音译），是绝不会错的真理。

值得一提的是，弗老是纯从货币的角度去计算通胀，即是真真正正的"通货"（流通货币，money）膨胀了，这是纯理论性的计算。但正如前言，当这种"货币定义的通胀"发生了之后，不同的商品有着不同的价格升跌，有的上升得较快，有的上升得较慢，有的甚至下跌了。政府计算的通胀数据，通常是根据衣食住行等日常生活必需品而决定，像奢侈品、投资工具这些与日常民生无关的价格升跌，并不包含在通胀率的计算里头。换言之，弗老指的是"货币通胀"，是"套套逻辑"，但政府公布的却是"日用品通胀"，两者的本质是截然不同的。

在一个普通人的眼中，认识"日用品通胀"已是绰绰有余，但如果你想进一步的了解经济和金融市场的本质，则有必要去知道"货币通胀"的实质意义。

3.9 结论：弗老对投资的洞见

从弗里德曼的洞见，我们可以推论出一个关于投资的"弗利周显"的结论："所有资产价格上升和下降，永远和在任何地方都是货币现象。"

我在其他的投资书中，引用过股坛名人张志诚的名句："要股票价格上升，还不容易！你只要买它，它就升了。"

壮哉斯言！资产价格的唯一上升原因，就是因为资金流入，价格下跌的唯一原因，就是因为资金撤走了。股票如是，债券如是，房地产如是，期货如是，其他所有的资产均如是。同时，如果货币数量不变，当它用来买了股票，便不能买房地产，如果两样均买，便不能购买债券，或是期货，这正如我的月薪是一万元，如果用来交了房租五千元，手上便只剩下五千元，就算是买上五千一百元的东西，也不能够。

这就是有关投资的终极奥义。

附 中国A股之谜

1.

看张化桥写的金融评论，是一种享受。

他分析金融事件和股票的功力，我永远也及不上，也是获益良多。我的专长在于把概念理论化，然后用浅白的文字和生动的例子去表达出来，这是通俗教科书的写法。但是实际分析一只股票的能力，我反而不及一个普通的分析师，一来我没有耐性去做一些必须但却花时间的工作；二来在这方面经验不足，要想获得足够的资历，就算是最聪明兼最勤力的人，也得花上三年以上，才能够累积到足够的经验，令其能力足以避开所有的骗局和陷阱，以及对一间上市的前途有着明察秋毫的洞察力。

换言之，我的本质是一个金融学的天才理论家，但在实战方面，比我高明的却大有人在。

2.

张化桥常常描述一件事件:"中国内地股市,一直有个谜:从2000年到2005年,宏观经济很不错,货币供应量也年复一年地以20%左右的速度增长,政府又不断支持资本市场的发展(通过发表很多《人民日报》社论,以及减少印花税,减缓新公司的上市和老公司的股票增发,等等),可是股市就是不听话,一直跌了5年。我听过很多关于这个谜的分析和解释,但我觉得都很牵强。"

我企图用自己的理论去解释这个不解之谜。

3.

正如我一直强调的弗里德曼的名句:"通货膨胀永远和在任何地方都是货币现象。"

货币是不会消失掉的,一定会放在某的地方,它不是消费了,便是拿来作为投资,或者是放在银行里,作为存款,诸如此类。从投资的角度看,货币可以用来买楼、买股票、买艺术品、买很多很多不同的投资工具……但我们千万别忘记一点,就是只要货币的数量不变,能买的东西是有限的,当你买了甲时,便得放弃乙,或者是放弃丙,是不可能所有兼得的。

这正如我只有一百元,既要搭车又搭船,又要出去泡妞,这笔钱是绝对不够用的,因此必须要放弃某一些娱乐。而为了钱尽其用,经济学上的"机会成本"理论便是最佳的写照:我必须挑出最最喜欢、优先序排行第一的支出,以去使用有限的货币,这就是最有效率的用钱方式。而我把钱花了在第一位之后,其机会成本便是第二位的支出了，也即是说，我放弃了第二位的支出。

4.

现在解释2000年至2005年的经济好景，但股市不振的现象。

在当时，货币虽然增加了，但是，经济的状况更是红火。企业家有了资金，把这些资金投资在实质经济之上，其回报远比投资在股市上更高。因此，他们宁愿拿钱用来做生意，而没有买股票，也就难怪股市疲不能兴，而经济却一直保持高增长了。

5.

现在，经过了五年的高增长期后，政府发行了更多的货币，企业家赚了很多钱，手头有了大量现金，但这时，做生意的高增长期也过去了，主要是由于生意大大地赚钱之后，经营成本也为之大涨，租金、货源、薪水，而官员吃了好几年，胃口大了，在八十年代，几条烟便可以办得到的事，在今日，可能要一幅数千万元的张晓刚的画才能成事。

一来做生意是越来越见困难，二来人赚了钱，除了做生意之外，也想买点儿资产，既可保值，又可增值。在这情况底下，企业家把资金投进股市之中，也是理所当然的事了。

但记着，在这种情况之下，企业的增长只是放缓了，而不是没有增长，这即是说，经济出现了疲态，但仍然没有衰退的迹象。而由于会计只是计算过去的事情，而当会计报告发表出来时，已是滞后了实质经济半年至两年，因此，在统计上，我们也不能知道经济出现了的疲态。

6.

当企业的收入增加了，会大幅增加人工，员工也会从此得益。

假如你是一个员工，当你的收入增加了之后，会干些什么事？

第一件事，就是改善自己的生活质素：吃好一点，买多点衣服或化妆品，男的则买东西送给女朋友，偶尔买一点奢侈品，奖励一下自己的辛劳。以上各样，均有利于实质经济，令货币回流到企业家的手上，因此企业的生意也就越做越大了。这是一个良性循环。

一个打工仔，当他开始赚到多一点的薪水时，并不会想到投资。因为投资需要本金，本金太少，主要是拿来应急，那就不方便拿来投资或投机了。再说，如果每年薪金都以双位数字增加，眼前最重要的事情，还是努力工作，最为前途似锦。反而是，当一个人的收入增长持续了一段时间，手头有了积蓄，但后来收入增长也放缓了，他对投资品的兴趣才会大增。

7.

以上是企图解释，当一地的经济是发展了一段时候，当进入放缓期时，股市，或是整个资产市场，才会进入大升市。

从另一方面看，当大升市形成的时候，并非企业盈利最高的时候，反而是开始出现危机时。更有甚者，当企业家把资金投进了资本市场时，代表了投进本业的钱也就比较少了，这对于企业的盈利的发展，是有害的。

至于说到当资产市场的价格持续上升，所引发起的羊群效应，以及到了牛市第三期时，市民"恐慌性买入"资产等等，这些已是老生常谈，不用多赘了。

从以上的分析，我们可以得出结论：牛市第三期的出现，以及其崩溃的快速，是因为股市最畅旺时，恰好就是企业盈利已经无能为继时，既然企业盈利难以继续，牛市的第三期只是一个泡沫，没有实质的经济支持，因此很快便会消失。

8.

我希望这一篇分析文章，可以解释到从来没有人能够解答的问题："牛三"来也匆匆、去也匆匆，而且总是紧接着熊市。这当然只是一篇初步的分析，详细的推理，还得再写一篇长文去论述。

简单点说，上文可以用一个八字中文谚语去说明："生意澹薄，不如赌博"。

4．三种赛局

4.1 前言：投资工具的分类

我在《周显发达指南》之中，简单地分析了各种不同的投资工具，却没有把这些投资工具作出分类。分类的方式有许多种，例如说，假设本人有多名女性朋友，如我要把这些女友作出分类，可以用高矮来分，可以用美丑来分，可以用收入来分，也可以用我估计的追求成功率来分……但如要把投资工具作出分类，最有效的方法，就是按照它赚钱的可能性来分类。

按照我想出来的分类方式，投资工具一共分为三种：零和游戏、同生共死游戏、和庄家游戏三种。

4.2 零和游戏

假设你很幸运，在投资市场上赢了一万元，提了现金离开。这是个简单的喜剧。但你有没有想过故事的背后：赢的钱从哪里来，谁给你这一万元？反过来说，要是你亏了一万元，这笔钱付了给谁，谁拿了这宝贵的一万大元呢？

如果你投资期指，那很简单，你赢了一个倒霉鬼，你的钱来自他输了的钱，换言之，你的幸运，正是来自其他人的不幸。所谓的"零和游戏"（Zero sum game），相当于一伙朋友在密室赌钱，其中有人赢钱、有人输钱，但赢的数目和输的数目是对等的，不会凭空多了钱出来，也不会无端端不见了一些钱。这就是典型的"零和游戏"，不论你怎样把输赢数目加减起来，得出来的答案都是零。

从严格的观点看，世上很少绝对的零和游戏，因为玩任何游戏，都得付出交易费用，例如四人在联谊会中打麻将，得付出联谊会的房租，但从赌博的本质上看，这仍然算是零和游戏。同样道理，期指、外汇、期货等等零和游戏，参与者也得付出运作的成本，例如经纪佣金之类，马马虎虎的，只要交易费用不太高，都可算作是零和游戏吧。

4.3 同生共死游戏

相信没有谁没听过"双赢"这名词了，这名词的相反是"双输"。但由于投资工具的参与者太多，我无法用"双赢"或"双输"去表达，故此使用了更多数目的众数，称之为"同生共死"。

股票就是"同生共死游戏"的典型，虽然它可以沽空，但毕竟是买入者多，沽出者少。当我们买入一只股票，越多人同我们同一阵线，购入该股票，该股票的价格便会上升，反之，股价则会下跌。

（在实际的操作上，一买一卖是对等的，买入的股数应该同沽出的股数相等。所以我们应该计算的是资金流向：参与买入该股票的资金越多，则其价格会上升，反之，则会下跌。）

房地产价格也是这种游戏的另一个典型：当楼市畅旺时，所有业主都能赢钱，但当楼价下跌时，不管是谁，只要你是业主，就是输家。

既然参与者的赢输是息息相关，互相牵制，因此，我称之为"同生共死游戏"，谁曰不宜？

4.4 同生共死游戏的深入分析

"同生共死"并非这么简单的一回事。你买了一个住宅单位，楼价升了三成，你沽出了，或者是楼价跌了三成，你沽出了。这一买一卖的过程之中，牵涉到三个人：你、卖房子给你的人、买了你房子的人。在不同的情况下，这三个人当中，究竟谁是赚了钱，谁是亏了本？

再用股票来做例子：股票没有实质价值，只有价格。本来价格是1元的股票，可以炒至10元。假设你在3元接了"火棒"，在8元沽出，于是你赢了5元。问题是：你赢了的5元从何而来？先前不是说了，房地产和股票是同生共死的吗？为什么会有人赢钱，有人亏本？

答案是：四个人打麻将，是零和游戏，因为四个人的赢输数目加起来，等于零。但这四个人当中，可以有大赢家，也可以有大输家，可以一家赢三家，可以二赢二输，也可以"三家分"。同样道理，在同生共死游戏当中，在小尺度下，也可以有赢家，有输家，只是在大尺度下，玩家是一起去赢，一起去输，因此是同生共死，相比于零和游戏，不管参与者的数目是多少，赢输结果永远是零。

4.5 与你同生共死的人的数目

有一位投资大师，名叫"周显"，在他的惊世名作《炒股密码》中，写了一段关于"羊群效应"的解释："凡是资产，都是'吉芬物品'：价格上升时，几乎必定引起羊群效应，原因正如前述。当身旁的人都因炒股票而赢大钱时，自己不买很吃亏，如果买了而最后亏本收场，虽然也蚀，至少在'社会财富的排名榜'上没吃亏……散户得不到资讯，只有以羊群方式行动。资讯不全时，羊群是最好的策略，跟大队是最有效的保护。"

同生共死游戏有着不同的"同生共死程度"，这程度视乎同你同生共死的人的数目，也即是说，视乎参与者的数目。如果你买的是常常出千骗人的庄家股，同你同生共死的可能是数十人、数百人，顶多是数千人，你同这些人一起发达，一起"drop dead"（我实在喜欢这英文词，同它的中文翻译意义完全相同），然而，不论你们是赢是输，对其他非参与者是没有影响的。如果你赢了一千万，你会比起身边绝大部分的人（没有参与买这股票的人）多出了一千万，如果你亏了一千万，你会比起其他绝大部分的人少了一千万。

另一方面，如果你买了参与者数以十万计的蓝筹股，或是房地产，与你同生共死的人就多了。如果它们的价格上升了，你赢了一千万，有数以十万计的人同你一起赢，有的比你赢得更多，有的比你赢得少，如果它的价格下跌了，也有相同数目的人与你同生共死。

要分析同生共死游戏，参与者的人数是最重要的指标。参与者越多，你的安全系数越高：并非因为它真的很安全，而是因为当它的价格下跌时，有很多人陪你一起输钱，因此输钱并不大影响到你在社会上的财富排名。这就是"同生共死"的精义。

4.6 庄家游戏

这里说的"庄家"，并非在投资市场的"market maker"，而是赌场中的"banker"。

赌场赚钱的方式有三种：

第一种是"明水"，例如香港赛马会式，即是马会，只做中间人，撮合了各个马迷的投注，先抽取了大约（我不敢肯定实际的数目）17%作为费用，再重新分配给投注中了的赢家。在澳门赌场，你玩"公庄牌九"，或是"德州扑克"，赌场也只是当中间人，如果我没记错，赌场每局收取投注额5%的"抽头"。

第二种是"暗水"，即是没有明确的抽水行为，但有隐藏了的交易费用，"收费"的方法是由赌场和客人直接对赌。但赌场在数学上有着优势，因为庄家和"闲"家有着不同的规矩。例如说，玩"廿一点"时，庄家可先杀闲家的"爆煲"，玩骰宝时，庄家开围骰则通杀（除非你买中了围骰）。

第三种是两者的混合，例如百家乐：庄家和闲家的机会率并不对等，开庄的机会大上一点点，客人可随意选择"买庄"或"买闲"。不过"买庄"中了的人得付出5%的抽水，"买闲"中了则不用付。客人同样是和赌场对赌。

凡是庄家游戏，不管是明水还是暗水，赌场都是占了极大的便宜。在大尺度下，庄家几乎是必胜的。当然，如果在一些小赌场，赌客不多，突然来了一个大客，赢了大笔钱后离去，那也并非不可能，但这也不能因此而否定庄家游戏中，庄家几乎是必胜这一事实。

（传说中，在菲律宾有一家赌场，香港的玩具大王蔡志明先生偶然光顾了一次，一次赢了八千万元，然后再没有回头去赌过。这间赌场从此"无仇报"，恨他恨得牙痒痒。我不敢肯定这传说的真实性，尽管说者言之凿凿。）

最典型的庄家游戏，就是认股权证。发行商发行认股权证，就是同客户对赌，而发行商占的便宜，是先收下了巨额溢价，然后拿着这笔溢价作为本钱，同客户对赌，这就好比赌场拿到了"暗水"，然后同赌客对赌。在财务的操作上，两者并无分别。因此，发行认股权证的轮商几乎是必赚无疑。我认识一个轮商，他对我说一年十二个月当中，平均只有在两个月的大波动市况当中，是亏本的，其余的十个月都能赚钱。可见一斑。

（我把由证券行发行的认股证称为"认股权证"，发行期多是半年。其实,上市公司也有时会发行本公司的认股证,通常行家称为"私家轮",年期可以很长,两年者比比皆是。这两者都是"认股权证",即英文的"warrant"。但我们很少把私家轮称为"认股权证",只会称之为"认股证"。这只是习惯用法。)

　　无论参与零和游戏、同生共死游戏、庄家游戏,我们都得付出交易费用。我们固然可以把庄家游戏的"水分"视为交易费用的一种。分别是,庄家游戏的交易费用格外重,令参与者的输面远远高于赢面,正如往赌场赌钱的人,非但长赌必输,输家的数目也永远比赢家多得多。用一个简单的比喻,零和游戏和庄家游戏的分别,就如四个人在联谊会打麻将和到澳门玩百家乐,前者虽然也得付出"波钟",但毕竟和去赌场赌钱大有分别也。

4.7 结论:同生共死游戏最优胜

　　从上文的分析可以得知,庄家游戏成本太高,零和游戏成本虽然比较低,但投资者占不了便宜,玩家也就没有优势可言。因此,在投资市场最有效的投资工具,就是参与同生共死游戏,当然了,更精明的做法,是大家一起"同生",当大市下跌时,你率先沽货走人,让其他玩家去"共死"。

5. 投资、投机、赌博三分法

5.1 前言

写这一章时,我的心里很不是味儿。它本来写了好几次,已经完稿多时,谁知在发稿之前两天,电脑遭黑客入侵,资料全洗光了。

更糟糕的是,由于该文写完已久,其内容我也忘光了。因此,所谓重写那可是真正的完全重写,我可真没有勇气和耐性这样做。

由于要出版这本书,我没法子,唯有把这一篇的内容再写一遍,这无疑是一件十分痛苦的事。我也把内容作出了某些调动,最明显是把其分成了上下两部分,上部分解释和定义了"三种赛局",我认为,认识了前文"三种赛局"的本质,对于理解本文的精要大有帮助。

5.2 投资和投机:传统的定义

在传统的投资理论,大致上会把投资和投机二分为不同的定义,其中两种最流行的说法是:

1. 把投资和投机分别定义为长线和短线。

2. 把投资和投机定义为期望收取股息和期望股票的市场价格增值。

以上两种说法，我认为都不中要领。

5.2.1 短线和长线无法定义

表面上，投机不可能是长线，投资也不可能是短线。但想清楚，你可以不停地参与投机，例如说，一年参与十二次投机，太多短线集合在一起，便可以合成了一条长线。反过来说，如果你在金融海啸时购入大批股票，本意是用来长期投资，但过了半年，价格涨了一倍，便把股票卖出，这种做法究竟是投资，还是投机？

说到底，长线和短线很多时是不可分的，因此，我对这定义也不感到满意。

5.2.2 股息和增值也非截然可分

首先，这种定义不够全面，因为在投资世界有很多无息可收的资产，例如艺术品，或者是黄金，都是没有息率的，但购买黄金保值，总不能说它不是投资吧。

此外，一些有"息"（这个字的用法的英文是"yield"，不是"interest"）可收的资产，例如股票和房地产，很多人的想法的确是长期投资，理念是先保值，即是保本，进一步才是增值，至于收息，则是锦上添花，只属次要。因此他们往往把房子闲置，并不租出，因为出租了的房子会减低其市场价格（编者注：没人住过的房子通常较值钱）。但他们的基本策略仍然是长期持有，而且往往持有多年，既不租出，也不沽出，因此，这是投资，而非投机。

关于"收息"，我在《炒股密码》说得最透彻："（如果你买中的）股票是高增长股，钱留在（公司）的手里比留在散户的手里的用途更大，增长潜力更高，那为什么要派息？……投资的目的就是为了增值，如果缺钱用，就不要买股票，然后等待派息。这做法是最危险的。股票的最大利润，或最大风险，在升值，或跌价，如果它跌了一成，收多少年股息才能补回来？"

不管是投资还是投机，都是以增值为主，收息为次。因此，这定义根本就是错误，不值再提。

5.3 我的理论：投资、投机、赌博三分法

我的高见是，除了投资和投机之外，还必须加上"赌博"这第三选项，才能把金钱游戏分类得足够清楚。

投资、投机、赌博这三者的关系，有如科学上的物理学、化学和生物学：粒子物理学的研究范围是从最微小的夸克（和更微小的亚夸克结构）到原子，化学则是从原子到分子，前者的最大部分和后者的最小部分，是重叠的。

好有一比，最高的侏儒和最矮的正常人，其高矮是难以区分的。正如我一直认为自己是最丑陋的帅哥，但始终是帅哥，不过朋友们则认为我是最英俊的丑男，但始终是丑男。至于化学和生物化学，生物化学和生物学，一些复杂的分子和简单的生命，其分别是很微小的。

（化学研究的事物的尺度比物理学大：结合分子的"键力"，其实是结合原子的强作用力的剩余。理论上，量子物理学上，"薛定谔方程式"可计算出所有化学上的可能性，只是这需要的计算能力超出人类所有计算机加起来的能力。至于分子和生命在定义上的分别，也即是化学和生物学的界线，是后者可以复制自己。但有些化学作用，是A制造B，B制造C，C制造D，D制造E，然后E能造出A来。这是一种"曲线复制"，有些科学家认为，生命就是从此而起。）

投资、投机和赌博的相互关系，也是在大尺度上可分，但不无重叠的部分。本质上，三种都是金钱游戏，都是数学，都讲求风险与回报，都是有赢有输，而三者的最大分别，只是在于风险和回报率的不同。

5.4 什么是投资？

中文"投资"这个词，定义十分广泛，举例说：我固然可以投资在股票或债券之上；也可以投资在朋友开设的一间酒楼之上；为子女提供教育，也是一种投资；甚至追求美女，也是一种投资，如果成功，便可赢得美人归，如果输了，便血本无归。

毫无疑问，就本书的主题，应该把"投资"局限于金钱游戏的应用，投资在子女教育、找女朋友、个人增值等等与金钱游戏无关的应用，应该是题外话。话虽如此，先对"投资"这名词的广泛用法有一了解，对后来的解说是大有帮助的。

5.4.1 长线是必要条件

纵观上文列出的各个例子，无论是投资在朋友的酒楼、子女教育、找女朋友，我们可以得出，投资必然是长线的，不是马上就有收获的。

有一个著名的职业赌徒，名叫"戴子郎"，斥资成立了一个团队，在全世界各地寻找赌场的漏洞，然后集团式去参与赌博，以战胜赌场。很明显，他的做法并非赌博，也非投机，而是一盘生意，即是投资，而且收入丰厚，在数学上的胜算也颇高。

（香港最顶尖的赌徒，相信非"阿庄"莫属。江湖传闻，单是赌马一项，他已赢取了超过十亿元，而他的入室弟子之一，就是"阿叻"陈百祥。他赌百家乐之精，已被多间赌场列为不受欢迎人物。他炒股票也有一手，曾经持有电讯盈科3%的股份，"种票案"当中，他便是出庭的"证人A"。这个人自奉甚俭，《壹周刊》拍摄他的照片，身穿十元T恤，腕戴二十元手表，打扮极为随便。朋友打牌时，他到场观战两小时，随便点些东西吃了，然后乘出租车回家。如果他请你吃饭，则一定是最好的酒、最好的菜，一顿饭吃上十来万元面不改容，而且，在座任何一个人在餐厅碰上了朋友，他会连朋友的朋友的单也买了。论到人品，他礼貌周周，言谈诚恳，是没得可批评的大好人。）

我有一个叫"阿龙"的朋友，是会考"8A状元"，博士念了一半，是数学专家。他的专业是炒卖期指。他自创了一套程式，照单买卖，就可赚取些微小差价，一个月下来，少则数万元，多则数十万元，总能得到收入。别人天天炒期指，决不能说是投资，但在他而言，能够长期地和稳定地赚取利润，这就是投资，不是投机或赌博。

这一节的结论有两个：

1. 在投资而言，长期是一项"必要条件"（necessary condition），但不是"充分条件"（sufficient condition）。其他的条件下文再述。

2. 持续不断的短期金钱游戏活动，例如天天赌博、炒卖，我们可以把"不断的短期"视作为长期。至于这种活动究竟是赌博，还是投资，就在它符不符合后文有关投资的其他必要条件而定。

5.4.2 回报的长期性

前文说到，"收取利息"并不构成投资的必要条件，更不可成为其定义。但，其实我们只需要把这项条件修正，便可以切合了。

在这里，我把"投资"定义为：寻求长期的回报。

投资子女教育，子女的学术水平高了，其回报是一生一世的。你购买黄金，把它锁在保险箱里，虽然没有利息收入，短期而言，黄金价格甚至可能会下跌，但长期而言，你是希望它会升值的。世上也没有人买了一块实金回家，明天便卖出，除非他突有急用，又当例外。你投资在朋友的公司，并非希望它明天做了一笔大生意，然后结业分钱，而是希望这门生意长做长有，一直成为你生金蛋的鹅。我们投资一些股票，例如盖茨时代的"微软"，巴菲特的旗舰

"伯克希尔·哈撒韦",虽然它们从不派息,可是却按年升值,令你的这项投资不停地升值下去。

5.4.3 有关该项投资的知识

在分析投资、投机和赌博的异同时,最大的麻烦就是这一点。无论是以上三项的任何一项,都有风险,就算是最最安全的投资,都非稳赚不赔,因为银行存款也有遇着银行倒闭的可能性。相反,就算是最危险的赌博,也有大赚一把的可能性。

但我们同时亦知道,投资要求得到回报的稳定性和确定性,都必须远远高于投机和赌博。在一般人的心目中,投资的目的就是为了赚钱,虽然不赚反蚀也大有人在,但总括而言,从大尺度着眼,投资还是有利可图的,这即是说,大部分人参与"投资"活动时,还是有利可图的,不管他是投资于金钱游戏、实体生意,或是自我进修增值。(当然,就算是投资于进修,也有血本无归的。例如说,没有好好念书,无法毕业,本大师可算这方面一个活生生的例子。)

我的高见是,不管你投资的是什么,必须对该项目有着一定的知识、一定的研究,这才可算是"投资"。

例如说,你买股票,如果是人云亦云地去购买,就是赌博。如果你是经过研究之后才购入的,就可叫"投资"。如果去买楼,你必定看价格、看位置、看回报,而不是乱买一通,同样地,如果你要去当一间酒楼的股东,也必定会看其投入资金、经营状况,以及预算中的回报……经过了这些研究之后，你虽然也有可能输钱，但毕竟输钱的机会是大大地减轻了，所以这项目也就越来越接近"投资"的定义，而不是"赌博"了。

如果你是赌马的阿庄，或是炒期指的阿龙，这些人可以把赌博变成一项"生意"，因此也可算是投资。以我为例子，炒卖了低价股十年，其中八年赢钱，两年输钱，十年来吃喝玩乐和大手大脚地花钱，都是来自炒股票的利润，就算在下一秒钟很"倒运"地输光了，也没有亏了本。对我们这些人而言，赌博比大部分的生意都更为安全、回报更高，而这种回报源自我们对某一专业的知识。

值得注意的是，戴子郎的赌博团队固然是一门生意，这些精于百家乐的"路"的赌徒们，不管他们号称如何精通，也不论他们整天耗在赌桌前，作"长期"活动，这种行为决不可算是投资。百家乐的"odds"（请恕我翻译不出这个字）是由数学决定，而不是由大路、小路、猪仔路、路这四条路决定，因此赌场任客人填写路纸，但凡用数学同赌场对赌者，则很快会被列为"不受欢迎人物"。关于百家乐数学的基本原理，请参阅本人在网上发表的文章，也不排除该文在以后会结集出版。

最后不得不再补充一句废话：你对投资项目的知识不管有多深，充其量也只能构成一项必要条件，但却不足以成为充分条件。股评人东尼一向研究股票，醉心于价值投资法，但有时他也会提倡购入一些股票作为投机，或赌博，小赌怡情，这证明了股票专家有时买股票，也是投机或赌博，而非投资。

5.4.4 投资和经营

中国人很喜欢做生意，但从严格的角度看，做生意可以分为两部分：投资者和经营者，用上公司的术语，即是股东和管理阶层，虽然两者可以是同一人，但也可能大有分别。

如果你同时是股东，又是经营者，不用说，你一定很熟悉这门生意，否则你也没有这能力去经营。同时，展开一盘生意的时候，几乎不可能要求短期回报，因此，自己做生意必然也是属于"投资"之类，这是毫无疑问的。

但是，除了自己亲自做生意之外，你也可能只出钱投资，而不去经营。例如说，朋友开了一间贸易公司，你占三成股份，这盘生意也没有上市，其股票也不能够在证券市场买卖。这做法究竟算不算是投资呢？

首先，这做法肯定是长期投资，追求的也是长期的回报，先前列出的三项条件符合了两项。第三项条件究竟是不是符合，视乎你对你的朋友、对这个行业、对这间公司的结构的了解究竟有多深，才能做出判断。例如说，蔡澜是有名的食家，我同他合作开餐厅，也详细看过了其计划书，这自然算是投资。但我的一位猪朋狗友想开模特儿公司，我付钱作为股东去支持他，目的只是为了想他介绍模特儿给我认识，这自然不能算是投资了。

这其中又有一些边缘个案，例如给朋友的如簧之舌鼓动之下，虽然看了计划书，但却没有真正地去了解该行业，便投进了金钱，成为了股东，这，又算不算是投资呢？

其实，投资、投机、赌博这三种行为的定义，到了最后，也绝对难以避免含糊的部分。因此，我发明的最新定义虽然是天才之作，但也是唯心主义的：定义在这里了，如何去诠释，你抚心自问吧，这好比法律白纸黑字的写了出来，但某些边缘的定义，还得有赖法官的唯心判断。

最后必须再提出的是：投资并非必赢，赌博也非必输，你精心挑选的投资项目，可以输得你倾家荡产，但是无心插柳柳成荫，你就算不怀好心的去开模特儿公司，结果也可能在此赚了大钱，财色兼收。毕竟，六合彩头奖虽然难中，但每星期都有两个幸运儿。但无论如何，总括而言，从大尺度看，投资的成功机会总比赌博为高。

5.4.5 同生共死游戏

我在《三种赛局》一文中，分析了同生共死游戏。如果是很多参与者的同生共死游戏，虽然并不存在真正的保本作用，但是在"荣则共荣，衰则齐衰"的作用下，把资金投放在多人参与的同生共死的游戏之下，也有着一定的安全系数，纵是最终把钱输得光光，也有着许多人陪你一起去输，对你在这社会的"财富排名"的影响并不大。

换个说法，你虽然没有做出研究，但知道很多人参与了这投资项目，在这么多人在前方的"掩护"之下，相信可以（至少局部地）替代了自己的研究。因此，投资在，嗯，蓝筹股，或房地产之上，并不需要知识，也有着"投资"，而非"赌博"的效果，当然，前提是这动作必须符合前述投资的其他条件，例如说，长线持有：天天炒卖蓝筹股，或者是把房子在成交前"摸货"而出（编者注：买家在"签订买卖合约"后成为业主，只是没有楼契在手，在此交易完成前再将物业放盘出售人士，称为确认人（confirmor），而该单位则称为"摸货"），当然算不上是投资。但话说回来，如果你是职业炒家，天天以炒卖蓝筹股来赚钱，或者是专门"摸货"的大炒家，如"摸王"黎汝远，或"白旋风"陈清白，则这行为又可算是投资和经营一门赚钱的生意了。

5.5 投机的先决条件是机会

一般人说的"投机"，指的是英文的"speculation"。我不是英语的专家，对此字的英文解释不予置评。但以我的中文程度，即是高到出神入化的那种，则可指出"投机"两字的中文用法，大部分人的使用方式都是错误的。

顾名思义，"投机"必须是碰到了一个"机"会，你才因此而"投"入资金，或资源。这即是说，如果没有机会，那就不成投机了。

下一个问题是：什么才算是机会呢？

5.5.1 机会出现的频率

从陈明星的角度来看，碰上艳遇，肯定不是机会，因为他常常会碰到。但假如我碰到一位美女对我垂青,这就是机会了,因为我毕生也没有遇上过这种事情。

西谚有云:"Chances are rare。"机会肯定是罕有的。但多罕有的机会才算是机会呢?这里并不打算擅自做出定义,但我们可以大约地区分:世上有些机会,是每逢三、五个月出现一次的,有些机会一两年才出现一次,有些机会三五年出现一次,有些机会是十年一次,更有些是一生也不一定出现一次的。例如说,"血腥遍地"的金融危机每逢三、五、七年,才会出现一次,如果你错失了一次在金融危机中,低位捞货的机会,那就必须等上三、五、七年,下次请早了。

机会并不一定存在于投资世界,很多人都是生意人,都是瞅准一个机会,大手投入,因而发达的。其中例子太多,不尽录了。(其实是因为想不到例子。)

以我的约略定义,机会这东西马马虎虎,一年出现三五次的那种,也都算成是"投机"了。但如果是那些天天伏在电脑之前,不停地炒着认股权证,还美其名曰"投机",这可未免太过离谱,对这中文词语的使用未免有误了。中文大师周显看不过眼前这种乱用中文的做法,见到是一定予以纠正的。

5.5.2 机会的成功率

如果你碰到了一个"机会",成功率是48%,相信你不会认为这是机会。如果你认为是,不妨到澳门的赌场去,因为每一张赌桌都不停地开着牌,在那里,你可不停地找到只有48%赢面的所谓"机会"。

所谓的"机会",而且是颇难遇上的,最少数个月才出现一次的,赢面恐怕不止51%,至少也有六至七成,才配得上这称号吧?我的高见是,有着颇巨机会的项目,突然在你眼前出现,然后你把资金投放进去,才可算是"投机"。

回看51%的致胜机会率,虽然也是赢面高于输面,但由于发生的次数太少,根本上与赌博没有多大的分别。赌场致胜赌客的赢面,也只有52%左右,但由于它不停的同赌客对赌,每天赌牌的总数目数以十万计,数以百万计,这符合了"大数定律",因此可以作为一盘生意来经营、来投资。如果以赌场52%的优势,同你对赌十亿元,一翻两瞪眼,一局定生死,相信没有赌场会答允这场赌局。

再说一遍,所谓"投机"的"机",成功率一定是远远高于失败率,才可以叫作"投机",如果成功和失败率相差不远,则只能列入"赌博"的类别。

5.5.3 投机就是短线

构成"投机"的另一项必要条件,就是短线。投机必然也是短线的。

看见了一个难得出现的机会,精明的人往往马上把握,乘机而赚上巨利。事实上,所有的商机都是因机会而来,李嘉诚在1979年得到了一个一生难逢的机会,买进了"和记黄埔",奠定了"李超人"、"李首富"的至高无上的地位。

又或者说,有人乘着金融海啸时,买入了大批股票,作为长期持有。以上的这些行为,俱是瞅准一个机会,因而下注,但因是长期的行为,故此算是投资,而非投机。

打个比方,女人看上某个男人,首要条件是看他的样貌顺眼,这是必要条件,也就好比一个"机会",是事件发生的必要条件。如果因为看他的样貌顺眼而发生一夜情,这就是"投机",如果因为看他的样貌顺眼,先谈恋爱,继而结婚,这就是"投资"了。

5.5.4 投机定义小结

1. 在"投资"而言,机会是一项可能的条件,但并不构成必要条件,你可以因为看见机会而投资,也可以因为其他原因而参与投资。而投资也可以有很高的成功率,如果输多赢少的项目也投钱进去,就是赌博了。

2. 就"投机"而言,机会和高成功率则是必要条件,没有机会,就没有投机。没有高成功率,就是赌博,而非投机。机会+短线+高成功率,三项条件造就是投机的必要条件兼充分条件,也即是"充要条件"(necessary and sufficient conditions)。

5.6 什么是赌博?

我写本文,主要是为了写这一章。很多人把用资金投注分成了

"投资"和"投机"两大类别,我想来想去,觉得这二分法不够完美,因为个中的许多行为,在我的心目中,其实本质是赌博,决不能美其名曰"投资"或"投机"。

5.6.1 输家多于赢家

简单点说,赌博就是输家多于赢家的金钱游戏。以赌场为例子,它只提供庄家游戏;四个人打麻将,是零和游戏;或者是参与者很少的同生共死游戏……以上这三种赛局,在很大部分的可能性下,参与者都是在赌博,而非投资或投机。

说穿了,所谓的赌博就是长赌必输的游戏。

5.6.2 赢钱的把握何来?

很多人参与赌博,都以为自己有必胜的把握。例如说,我以前有一个女朋友,认为自己拥有念力,因此赌博是必赢的。我又有一位女友,因为家中供奉了"黄财神",因此,也认为自己去赌博有着必胜的把握。另外又有一位美女朋友,是一个颇有名气的港姐,炒了一星期期指之后,认为自己是这方面的天才,于是既不停地参与这项游戏,也写博客向网友炫耀自己的天分。至于那些在澳门赌场玩百家乐的赌徒,每天拿着"路纸"去作研究,只望找出一条"好路",便是发达的终极捷径,这种猪脑子比比皆是,一天枪毙十个,一百年都枪毙不完。

诚然,赌博是输多赢少的游戏,但也有不少人能从赌博中得到机会。就前述的例子,专赌二十一点的戴子郎,赌马的专家阿庄,都是把赌博化成了投资。我一直认为炒期指是零和游戏、是赌博，但是前述的阿龙，也可以把炒期指变成了一盘生意。正如炒认股权证是庄家游戏，但炒轮赚大钱者也大不乏人。

这些化赌博为投资的高手，和前述以为自己有着神奇力量的猪脑子，两者有何分别？答案是：认为自己有念力、神佑、天分，或者是路纸，都是虚无缥缈的事，作不得凭藉。投资唯一可以凭藉的，只有一样，就是知识。

以百家乐为例子，你懂得看路纸，这并非知识；懂得算其数学，懂得计算在不同的情况下，开"庄"和开"闲"的机会率，这才叫知识。你胡乱去开公司做生意，这叫赌博，因为失败率实在太高了，但当你在某行业已工作了十年，再在同一行业去创业，这就可以叫做投资。

就算是投机，也得有着对该事件的研究和知识，才能计算出胜出的"机"会，才叫能做"投机"。例如说，有一批劳力士手表，比市面零售价低35%出售，你要购入这批手表来做投机，你必须：

1．很熟悉这批手表的批发价和零售价。

2．有办法把这批手表快速脱手。

你能做到了这两点，才能很大的机会有利可图，这才叫做"投机"。但要做到这两点，你需要对劳力士手表有着一定的知识。否则，你购入了该批手表，也不过是赌博而已。

赌博是无知者的所为，而投资或投机则需要实质的知识。虽然不厌其烦，但我必须再次补充：需要拥有知识的投资和投机都有亏蚀的可能，而赌博也有赢钱的可能，但这些可能性并不影响其本质。正如我是个作家，也是个投资者，纵使我写的书十分滞销，投资也可能失败，但这些失败并不影响到我身为作家投资者的本质。

5.6.3 投入资金的绝对数目

假如你的总资产有一百万元，有人告知你有一宗生意，可以赚取二百万元，成功的机会有七成之多。这显然是一宗值博率极高的生意。问题是，一百万元是你的毕生积蓄，如果输光了，非但你一生的钱化为乌有，下半生的生活也有问题，连你的妻子儿女也给影响到，甚至子女也有可能因此而辍学。

这宗在数学上极度有利的生意，究竟算是投机，还是赌博？在聪明绝顶的我的眼中，这是赌博，而非投机。所谓的"投机"，虽然也是拿钱去博取机会，但是大前提是自己有后路可退，不致退无死所，这才是"投取机会"。若是后果太严重的投注，那只有叫做"赌博"，而不是投机。因此，在中文用语上，我们有"赌命"、"赌身家"，却没有"投机身家"，因为凡是会输命和输身家的，中文只能用这一个"赌"字。

5.7 长线和短线

分析到了这里，相信大家都对投资、投机和赌博这三分法有了一定的概念。下面要讨论的，则是一些有关上文的概念的进一步分析，第一个就是长线和短线。

所谓的长线和短线之分，是唯心主义的。例如说，我买进了一只股票，打算长期持有，期望它在三年之后，价格可以上升一倍。这当然算是长线投资。然后我忽然走了好运，这股票在三天之后，便升了一倍半，在这三年目标三天达到的超好运情况下，我当然把股票沽出了。究竟这算是长线投资，还是短线？相反，如果你买入了一只股票，本来是想投机、想赌博，三天后卖出，谁知股价不升反跌，我不甘损失，结果把这股票长期持有，等了三年，又是三年，三年之后又三年。这种做法，究竟是长期，还是短期？

炒楼变成自住，炒股票变成长线投资，这好比玩一夜情变成了结婚生子，这是现实生活常常发生的事情。我并不打算在这里再分析质变后的长线和短线的定义，反正，其定义既是唯心主义的，怎去将其解释，也是唯心主义的，大家自己想吧。

5.8 赌博滋生的快感

赌客进赌场，明知是十赌九输，依然玩命去赌，因为赌钱的时候，他得到了快感。那些坐在股票机前，天天炒认股权证和炒股票的大爷大妈，相信也是为了快感，多于赢钱。事实上，无论投资、投机、赌博，除了想得金钱之外，还有一个同样大的目的，就是得到快感。

人类的赌性是天生的，因为有喜欢冒险的祖先，例如第一个敢生火的人、第一个吃螃蟹的人、发现新大陆的第一个欧洲人哥伦布（请注意是"第一个欧洲人"，美洲土著的黄种祖先从白令海峡的陆桥到达新大陆时，比哥先生早到了超过一万年）、要同大英帝国开战搞独立的华盛顿……没有这些冒险家，人类的命运恐怕同今天大大不同了。

　　冒险也是赌博，值得注意的是，其风险和回报率是不成正比的。人类之所以存在到今天，正是因为赌性：不少先人参加了输多赢少的赌博，结果幸运地赢了，留下了性命，反而太理智的人拥抱着赢面高的机会，不肯冒险，结果是发生机会率很低的事情发生了，理智的人死了，赌徒反而活下来。

　　我不反对赌博，但更喜欢投机和投资，因为后两者的赢面更要高得多。然而，要想在投资和投机中取得胜利，除了需要一点点的赌性，更重要的是知识和耐性，这恰恰是赌徒最最缺乏的根性。我常常说，巴菲特是世上研究投资项目最高明的少数人之一，但并非其中的冠军，比他更高明的还大有人在。但是，论到实际的投资成绩，他却是世上之最。这皆因他是最有耐性的投资者，能够忍受长期持有大量现金，等上好几年，以等待一个机会。这，就是世上所有同级投资者所不能做到的，因此，他们就算比巴菲特更聪明、更能干、金融知识更强，其投资成绩也比不上巴菲特。

　　最后值得一提的是，我认为很多所谓的"投资工具"，例如期指、认股权证等等，本质上是赌具，就如百家乐和骰宝，没有太大的分别。但是我同样地认为，这些"赌具"的存在也对经济和人类的福祉有利，正如我赞成赌场的存在，认为赌场有益于经济，也能带给人快感。

5.9 结论：任何金钱游戏，都要小心

我觉得把金钱游戏三分为投资、投机和赌博，是一伟大的发现。我所以有此高见，皆因我是个不折不扣的赌徒，精通各种赌博的原理。武侠小说、科幻小说、文艺小说、爱情小说、历史小说都有太多人懂得写了，但写赌鬼小说的人，全世界只有我一个，别无分号。就算是我写的其他种类小说，例如武侠小说或科幻小说，例必加入赌局，自我陶醉一番。但本书加入赌博的分析，则与本人是病态赌徒这件客观事实无关，只是因为"剧情需要"。

除了"赌博害人，误你一生"之外，最后，我还要彰显投资可能带来的严重后果，希望读者关注。不少人对投资掉以轻心，误以为它十分安全。实际上，投资错误是常常发生的悲剧，它的成功率往往只是高出一半多一点而已。这即是说，在投资者当中，也有不少人的结果是惨淡收场，其后果十分严重，甚至可能比赌博或投机失败更严重。事实上，因投资失败而倾家荡产的人，应该比投机和赌博两者加起来更多，就不说别的，因买楼或炒股票而输身家的人，随便数数就有地产神童罗兆辉、中国城创办人邓崇光、眼镜大王马宝基、大快活创办人罗开福，噢，还有B哥和前B嫂……

赌博是长赌必输，投机不能赌身家，而投资者往往误以为投资就是安全，因而掉以轻心，杀伤力反而更大。这句话就是结论。

6. 风险和避险的确定和不确定性

6.1 什么是风险？

本文的主题是风险和避险的本质，以及其逻辑上和实际执行上的可能性和不可能性。在进行实践这项繁重的分析之前，我们首先得解释及定义关键名词："风险究竟是什么？"

6.1.1 定义的困难

定义是吃力不讨好的工作。史上最有名的例子是，古希腊的柏拉图把人类定义为"两足无毛生物"，他的学生便拿出了一只剥光了毛的鸡。但为了把某一名词的概念搞得更精确，定义是最有效的方法。

幸好，除了定义法之外，要搞清楚一项概念，我们还有别的方法，例如说，列出例子，阐明属性……诸如此类。本文作者禀承着一贯以来的大智慧作风，因此采用了最省力、最懒惰的方法：类似佛教禅宗的传道方式，多举例子、旁敲侧击、尽量浅白，让读者自行理解，却有意地减少其精确性。是的，这种马虎作风正是作者的写作二大风格之一（另一是虎头蛇尾），相信长期读者都习惯了忍受这"两只老虎"。我很感激读者们对作者的忍受和宽容，固然，作者也乐于自夸，这"两只老虎"也不时有着"虎虎生威"的时候，令读者们看得眉飞色舞和眉花眼笑，对吗？

6.1.2 风险和未来

我把风险定义为"对未来的不确定性"。人类对任何的"不确定性"，都有着天生的、不可避免的忧虑。因此，从人类心理的角度看，风险也相等于"对未来的忧虑"。没有忧虑，风险也就不成风险了。

重申一遍：未来、不确定性和忧虑，这三点"风险"这名词所不可或缺的三大属性。

6.1.2.1 什么是未来？

有很多日常用语，用时随手拈来，脱口而出，但要真正为其下定义，却是难之又难。简单如"妹妹"，我就有好几个，数目视乎定义而定：一个是同父异母，一个同母异父，一个是后母的女儿，却非我父亲生，我们"兄妹"相称，却无血缘关系，而同父异母中的那位"母"后来也改嫁了，生下了子女，于是，她的女儿得叫我的同父异母妹妹为"姐姐"，但我可厚不着脸皮自认是她的"哥哥"……

以上纠结不清的关系，令人望之生烦。但是要去定义"未来"，也确实有着相同的烦恼。

6.1.2.2 物理学上的未来

在物理学上，通常用"光锥"来定义过去和未来。

假设现在是一点，一颗很小、很小的一点。这一点的前面和后面，都是光，由于这光是三角形的、金字塔式的，因此我们会用"光锥"来做形容。于是，宇宙间的时间便是由两个三角形所组成，三角形的尖端相接，这相接的一点就是现在，前面就是未来，后面则是过去。

现在为何是"一点"，很容易便可以明白，但是，为何过去和未来要以光锥来表达呢？这是因为现在的可能性只有一个，就是刚刚已发生了的事物，所以这只可能是一点，但是在过去和未来，则有无数的可能性，距离的时间越远，其可能性越多，因此过去和未来不得不像光锥般、像金字塔般、像三角形般不停增大，越远越大，直至无限。

不扯太远，本节的目的是解释"未来"，因此我们只针对"未来"而解说。

6.1.2.3 光锥的现实体现

为什么过去和未来都得以光锥来表达？前已说过，这是因为时间距离越远，其对后世的影响力也就越大。

在一百亿光年以外，一粒粒子的能量移动，当然不能影响到我们的日常生活，大约是这样吧。可是，当我们打桌球时，如果桌球碰撞了七八十次之后，因为发生了的变数太多，就是在一百亿年之外的一粒粒子，也能影响到它最终能不能够进洞。

以上的比喻太玄了，说一个比较浅易的。今天地球上有六十亿人类，全都是大约五万年前（这年份常常改变，从四万年到十万年不等，我懒得去查最新的说法）非洲同一个女人的后代，在学术界，这女人被命名为"夏娃"。这即是说，假如在五万年前的那一天，如果夏娃因为心情不好，又或者是别的原因，拒绝和别人云雨一回，今日的人类全都不存在了，而所有的历史都改变了，世上没有了犹太人和阿拉伯人，也没有了中国人，中国的秦始皇、成吉思汗、唐太宗，以至于李嘉诚，巴菲特，统统都没有了，我也无法写出这本书，读者也不能在世上存在并看见这篇文章。一切、一切，只源于五万年前那个非洲女人有没有进行那场改变地球的云雨。

（不说五万年这么远，遗传学家研究亚洲男性的Y染色体时，发现有一千六百万人，即亚洲总人口的0.5%，属于一千年前同一个男人的后代。估计这名男人不是成吉思汗，就是他的父亲或祖父。我也相信，"夏娃"的本人或其直属后代，一定有一个伟大的战士，打倒了不少部族，因而同很多人交换了基因，才得到了如此辉煌的"成果"。）

用科学术语来说，这叫做"初始条件"。初始条件的微小扰动，能够大大地改变后来的结果。时间值会把初始条件的扰动放大，因此时间越长，变数越多，也就越难预料。

6.1.2.4 未来的难以预测性

理论上，如果拥有了宇宙间的所有数据，也有计算力足够强大的计算机，我们可以计算出过去和未来的所有可能性和发生的几率。实际上，这操作是不可能的，因为这台"超级计算机"所需的计算单位比诸整个宇宙的所有粒子数目加起来还要多出无数倍：要计算出所有粒子的所有互动的可能性，还得加上无穷长的时间值，这数目当然比粒子本身的总数目一定要大出无数倍。宇宙间除了神之外，不可能还有谁拥有这么大的计算能力，因为这个超级计算机仍然在神的手里，他并没有把这件宝物赏赐给人类，因此我们也就没有法子准确地去预测未来了。

用现实来作例子，很多人把日程表排得密密麻麻的，明天的每一个时间都挤满了，以至一星期、一个月的时间都挤满了；可是他决不可能把一年后、十年后的每一日、每一小时的行程都定下来，就算他肯这样做，也没有用，因为未来的变数太多，他根本预测不了。

正是"人算不如天算"，我个人的最惨痛的例子，就是近年来我永远把下星期的约会都安排好了，还每个月安排旅行，以免自己有任何一分一秒的发闷时间，以为这是抗抑郁的妙方。结果是，在某一个风和日丽的早上，我很不在意地去医院做了一个体检，结果是三天后已进了医院做手术，从此改变了下半生的思想和行为，先前所有的"减闷安排"当然全部泡了汤。

《星球大战》电影系列中，黑武士被预言为"让力量回复平衡"的人，结果是他先杀光了所有正义的Jedi knights（杀剩了两个），二十多年后才把大坏蛋Darth Sidious杀掉，让"力量回复平衡"。

是的，世事非但有着各种意料不到的意外，而且时间越远的事，也越难预测得到。我们很多时可能可以肯定明天晚上七时十分时，自己身在何地，但是一个二十岁的年轻人，却难以想象三十年后的自己，究竟是在干着些什么？

6.1.2.5 可预测的未来

一把绝世好剑有双面刃，铜钱也有正反面，凡事都可（至少）从两方面去看，未来虽然没法子准确预测，却并非完全不可以预测。事实上，我们无时无刻都在预测未来，从储蓄金钱、朋友约会、甚至是学习求取个人增值，都是为未来而打算。话说在公元一千年时，欧洲不少人以为"千禧年"之来，就是"审判日"之到临，世界末日来了。但面临世界末日，大部分的欧洲人还是镇定如恒，继续做着平时做的事，继续为未来而打算，并没有把钱花光，也没有做尽一切幻想要做但一直不敢做的事情。

未来虽然没法准确预测，但并非完全不可以预测。三十年后的政治经济动向固然是难以预测得到，但从一切已知的事实显示，地球灭亡或宇宙湮灭的机会微乎其微，就算发生了世界大战，人类也不大可能全部死光，如果你是个二十岁的小伙子，你将有95%几率以上看得到三十年后的日子。

极端地去想，我们的日常生活就是不断地去预测未来，如果我们对未来全不确定，那么，我们除了饭来开口之外，什么都做不了，连约"今天晚上吃饭"，都难免有点困难了，什么事情都做不了。

6.1.2.6 未来的可预测性

假设A约B今天晚上去酒吧喝酒，B的回答是："尽量来吧。"A说："你有几成机会到来？"B回答："八成机会吧。太太不反对，我就来。太太今天打麻将，应该不会反对我外出吧。"

以上这种故事，每天都在我们的身上演出。不消做出任何解释，便可知道B口中说的"八成机会"并不可能是精密的计算，因为世上没有任何的数学能计算出太太反对的可能性。但是另一方面，B的预测也非绝无根据，因为他熟知太太性格，在相同的情况下，太太会有什么反应，他应该可以根据"历史记录"而预测个八九不离十。他说的"八成机会"，并非没有经过计算，只是计算的方式并不严格，而是在模糊逻辑下的约略计算，这答案也有着一定程度的准确性。

不久之前，欧洲准备新盖一台粒子对撞机，当记者询问物理学家霍金的意见时，他的回答是：这建设有百分之一的机会导致世界末日。霍金显然并不同意建造这台粒子对撞机，因为世界末日是个非常非常严重的后果，是1%的风险也不能冒的。但好像没有哪份报章的记者看穿了霍金这婉转的对答，多是误以为他认为世界末日的机会率太低，因此支持建造。霍金口中说的1%，只是他凭经验得出来的约略估计，当然也是没有经过精密的计算。事实上这也是无法计算的。

是的，我们无法精准地去计算未来，但我们的脑袋却有一台不很准确的计算机，不断地凭着经验，去计算未来发生的事件的可能性。毫无疑问，这种计算因为数据不足、计算不全，结果是不精准的，有时候，甚至连基本事实都会搞错，因为我们做出这种约略计算时，靠的是人生经验，而这经验在过去是对的，在以后不一定继续对下去。但从原始人到现在，所有的人类都是凭藉这种约略的计算方法去计算人生，皆因我们并没有神的计算机，因此，我们选择了能计算未来的最省精力的方法，这也是唯一的方法。

6.2 风险和不确定性

在学术界，对"风险"和"不确定性"这两个名词有着数不清的解释。例如说，经济学大师弗兰克·奈（Frank Knight）认为，"风险"是不可计算的，"不确定性"却是可计算的，有些学者认为所有的几率是可测的，诸如此类，不多赘述了。虽然专家学者们是如是说，但是在智慧超群的周显大师的脑袋之下，自然有比书呆子们更为高明的解释。

正如前文所言，所有的未来都是不确定的，因为我们没有神的计算机。我们甚至不能够100%确定明天的太阳是不是一样会升起来，但我们却可以说，明天的太阳是很太程度上会升起来的，只是这"很大程度"究竟是多少个百分点，却无法计算出来。

既然未来是无法准确计算的，"风险"和"不确定性"也都是同样不可计算，这是一锤定音的结论。

6.2.1 "风险"的中文意思

"风险"的英文是"risk"，"不确定性"的英文是"uncertainty"，我们且不管洋鬼子是怎去定义和解释这两个名词。作为中国人，我只管中文。

中文的"风险"由"风"和"险"两字所组成，"风"是飘忽的，已意含了不确定性，"险"则是危殆的，表示了我们很不喜欢的事物。

6.2.2 "风险"代表了厌恶

换言之，虽然未来事物所有都是不确定性的，但是在不确定性的当中，也有好的不确定性，例如说，中了六合彩，或者是一个独身汉突然得到美女垂青，都是好的不确定性，我们希望得到越多越好。只可惜，这些好事从来没有在我的身上降临过。然而，那些不好的不确定性，例如在手里持有大量股票的时候遇上股灾，或者是在例行体检的时候上医生告诉你患上癌症，很不幸地，这两种情况，我都曾经遇上了。

以上这些人们所不愿遇上的事情，就是"风险"了。

6.2.3 不确定性对人类心理的影响

不论在中国在西方，预知未来都不是好事。在中国的传说当中，露天机者是会招致横祸的。在古希腊，伊底帕斯王预知道自己杀父奸母的未来命运，无论怎样也逃避不了，是史上最最痛苦的悲剧。倪匡写过了好几篇科幻小说，内容都是说一个预知命运的人，想要逃避却无法逃避的悲惨收场，有人自杀死掉，有人却是设法逃避少年惨死的命运，却怎也逃避不了，其笔下的主角卫斯理也主动地放弃了预知未来……

人们求神问卜，并非意图预知未来，只是企图趋吉避凶罢了。如果未来是没有办法去改变的，希望预知的人将会减少九成以上。我定期去做身体检查，是因为相信大部分的疾病都可以因预早发现而及时治疗，如果病是一旦染上便绝对死定，相信没有多少人有兴趣去作检查，因为反正是死，倒不如无知地开心死，总好过因发现了而天天担心，余生也活得不痛快。事实上，很多人不肯定期去做体检，正是为了这一原因。

正如前文所言，未来是不确定的。但人类对于不确定的未来，究竟有着什么样的反应和看法？

6.2.3.1 潘朵拉的瓶子

"Pandora's Box"就是"潘朵拉的瓶子"，"潘朵拉"是希腊神话中世界上第一个女子，她得到了一个瓶子，被嘱咐千万别要打开，但这位世上的第一个女子正如神话中的其他女子一般，好奇心特盛，叫她千万别打开的东西，她强烈地想打开。结果不消提，她打开了这个希腊式的瓶子后，所有人间的灾难都一并儿走了出来，世间从此有了战争、瘟疫、疾病、死亡等等。潘朵拉闯出大祸后，十分害怕，终于在最后，放出了藏在瓶子里的小精灵—"希望"。

是的，希望就是人类对付痛苦的最佳方法。话说我在人生最绝望的时候，想得最多的并非是死亡，而是忽然发现声色娱乐已无法带给我任何的快感，我在病床上想及病愈时搭讪美女、吃美食、周游列国，都无法幻想出这些事物能够带来的快乐，于是我觉得我完了，人生灰得像一块黑板。直到我想到身边的人、爱我的和我爱的人，我才重新燃起了生存的斗志。这故事告诉我们的是，希望对人生的重要性：没有希望，许多人都活不下去，我就是靠着找到了新的希望，来获得生存的动力。

所谓的"希望"，说穿了，也即是不确定的未来，只是希望是放在正面的一方，而风险则是放在反面的一方，两者合一，就是不确定的未来的全部。

6.2.3.2 希望和冒险

对于不确定的未来，人类是又爱又恨，感觉极其矛盾。我们既害怕其风险，又想实现希望，而要实现希望时，则往往必须先去"冒险"，才能得到"希望成真"的机会，这正是西谚所云的"no venture, no gain"。

没错，人类除了害怕风险之外，同是也有着冒险的本性，探险家就是这一类的人，而大部分的人都有赌性，就算是最不爱赌博的人，也有不少是六合彩常客，以图碰一碰运气。所谓的"碰运气"，就是企图实现希望，就是意图对未来的不确定性的正面体现。

简单点说，大部分人都厌恶风险，企图回避风险，但同时，我们也清楚地知道，如果不肯冒上一点儿的险，则会得不到许多我们希望得到的事物。这是人类面对不确定的未来所无法避免的矛盾。

人类想到的最好情况，是把风险确定在某一数值以下，然后去冒险，以求实现希望，得到我们想得到的回报。即是说，在安全的情况下去冒险。因此，世上所有的投资工具，都不得不围绕着"避险"和"冒险"两大主题而创造出来，有些则是两者的混合品，从保险到股票、债券、认股证，本质上，都离不开这两大主题。

6.3 避险

我们为了回避风险所做出的种种行为，统称为"避险"。讨论避险在投资世界的基本意义，就是这部分的主题。

6.3.1 Hedge、避险和对冲

英文的"hedge"中文可译作"避险"或"对冲"，"hedge fund"在台湾是"避险基金"，在香港则叫"对冲基金"。从我对中文的认识来看，"避险"和"对冲"的字面解释是大有分别的。

6.3.1.1 对冲即"零和"

"对冲"是中国传统有的名词，古人说"穿威风，赌对冲，嫖成空"，意即是说把钱花在买漂亮衣服上，可以对外炫耀，把钱花在赌博上，则是零和游戏，把钱花在女人的身上，高潮过后付了钱，则什么都没有了。对，古时的所谓"对冲"，意即"零和游戏"，因为一伙朋友在聚赌，不是你赢就是我赢，不是你输就是我输，因此赌博是零和游戏。

6.3.1.2 避险就是回避风险

至于"避险"，顾名思义，是回避风险的意思。传统中文是没有"避险"这个词的，它正是就着"hedge"这个字翻译而

来。正如上一节所言，"对冲"这用词并不能完美地解释英文的"hedge"，因此台湾人另创了"避险"。值得注意的是，中文有着"对冲风险"的用法，这词语的意义相等于避险。

毫无疑问，"避险"和"对冲"这两词表面上的意思虽然大同小异，但这小异却有着差之厘，谬之千里的分别，而两者的分别在前文已表述过。我将会小心翼翼地使用这两个词语，尽量不去搞错。

6.3.2 风险的计算方式

如果我们想看清楚一件东西，先决条件是良好的视力，如果视力不足，便得用眼镜片去辅助。同样道理，如果我们想要为投资或人生去避险，首先是计算出风险的可能性。我不厌其烦地同大家再说一遍局限条件：绝对准确地计算风险并不可能，但我们却可在成功机会率极高的情况下，去计算模糊的风险。

在数学的世界，计算风险的方法不外乎两种：统计学和任意数值。

6.3.2.1 用统计学去计算风险

以我的高见，统计学是唯一有效的计算风险方式，例如说，保险赔偿的有效计算，几乎全是基于统计学。

6.3.2.1.1 归纳法的内在缺陷

统计学的本质，就是根据以往的数据，叠加起来，然后用此来推演出未来发生某事的可能性。换言之，这是一种归纳法。推论事情的方法有两种，一种是"演绎法"，只要前提正确，在演绎的过程也没出错，演绎法的正确率是100%。另一种是归纳法，不管归纳的方法是如何正确，也不管前提的数据是如何的正确，归纳法有着先天性的缺陷，就是不管在过去是如何天经地义的事，在未来不一定继续正确下去，其中最有名的是"罗素的鸡"，我虽然在《我的拣股秘密》中陈述过了，但这是经典的故事，不妨再陈述一遍：一只鸡每天听见"当当当"的铃声，便知有米可吃，于是便走回家吃米，过了一天，它听到铃声，赶忙回到鸡笼中，谁知等待它的并非大米，而是大斧。

（今天的人听这故事，未必完全明白。罗素写《哲学问题》时，差不多是一百年前的事了，那时大家吃的还是土鸡，即英文的"free range"是也。我在珠海买蜂蜜时，那老板养了几只土鸡，我中午去买蜂蜜时，想顺便买两只鸡，谁知因为鸡满山地走，捉也捉不到，只好作罢。我问老板："如果你想吃鸡，怎办？"他答："鸡在晚上会回笼睡觉，我那时关掉笼门，明天它就走不掉。"因此在罗素那个时代，中午要吃鸡，便可用铃声诱惑它回笼。现在的鸡是密集式生产，一笼养上数十只，不准落地走动，"罗素的鸡"仿若说着史前的故事。）

6.3.2.1.2 统计学的人文背景

依照统计，在没有战争的情况下，死亡率最高的地方是医院，几乎是大部分的人都是死于医院。但我们却不能得出结论说：避免进入医院，就是避免死亡的最有效方法。这个最经典的统计学的错误在于：不论任何数据，都得结合人文上的客观条件，分析才会有效。如果单看数字，不管其客观的人文因素，统计学得出来的结果只会是误导，不可能构成任何的指标。

然而，人文因素错综复杂，很多时公说公有理、婆说婆有理，就算配合了统计学，其计算也往往有着不明确的因素，毕竟，人文因素是由无数的人的心理融合而成，而人与人之间亦有着无数的互动，统计学是把所有数据简单化成为单项数字，单单依这个来做出分析，难免时有偏差。

6.3.2.1.3 数据不足和未来变化

前面已说过了很多次，未来是无法确定的，因此未来可能发生了一些事件，可能会令先前的统计数字无法生效。

例如说，前苏联在1991年倒台之后，因为种种原因，令其国民平均寿命在短短不到十年间，缩短了超过五年，这对于人寿保险业而言，不免是一项灾难，幸好当时的俄罗斯的商业保险业还未建立得很成熟，否则单就这一项，已能令不少寿险公司"出事"。相反地，假如药商终于开发到基因新药，令人类寿命大幅延长，也能令保险公司的先前的计算完全失效。

未来世界的变化可能是人文因素的一种，也可能是突然出现了一些从未发生过的物理变化，导致了先前统计的失效。因为统计学出现了两百年左右，而真正的大量应用在金融体系，不过是一百年不到的事情，我们拥有的统计资料，很多时并不完全，也并不保证在长时间当中行之有效。就算统计学真的是完全准确，数据不足也会影响到它的预测能力。

6.3.2.2 任意数值不可靠

"任意数值"是我发明出来的名词。有些风险是可以用统计学来评估的,例如商业飞机失事的可能性大约是一千万分之一,只要飞机的飞行次数够多,例如说,有上三五亿次,这个统计数字便有一定的准确性。但是,有一些我们必须评估的风险,却因事情出现次数太少,难以做出准确的计算。例如说,只飞行过二三十次的太空穿梭机,不可能有准确的统计数字去评估其失事风险,因此,它只能使用"任意数值"的方法,也因此它才能算出"十万分之一"的失事率,也因此虽然只有十万分之一的失事率,它还是失事了。皆因,这是一种表面科学,是靠完全预估计算出来的。

我且举一个有关"任意数值"的例子。假如我约了一个很心爱的美女吃晚饭,我很担心她会失约,于是便用这方法,首先想出每一个她因而失约的可能性,从而评估她今晚出席的可能:

1. 她是个常常失约的人。
2. 她忘记了约会。
3. 她很讨厌我,有心失约,以捉弄我。
4. 她的工作单位有急事,来不了。
5. 她遇上车祸之类的意外。
6. 她家里有急事。
7. 她有更重要的约会。
8. 约错了地点。

9．约错了时间。

10．约错了人，通电约会时，她以为是别的男人约她，又或是，我打错了给另一个女人。

以上这10大原因当中，我可分别给予分数，例如说：

1．"她忘记了约会"，可能性是1%。

2．"她很讨厌我"，可能性是0.5%。

3．"她的工作单位有急事"，可能性是2%。

诸如此类吧，把10项因素叠加起来，便可得出这位女神今晚失约的可能性，假定是9.8%吧，那就是说，她今晚现身的可能性是90.2%。（附注一句：我虽列举了不少项目，却忘记了她把男朋友也带来一起吃饭的可能性，这应当包含在这90.2%之内。这是很可能、也常常会发生的事。）

计算方法还有更复杂的。上列的10项条件当中，可能有些比较重要，也有些不那么重要，因此我们可能要根据其重要性，把每一项条件赋予不同的数值，令重要的占上更大的比重，不重要的则要减轻比重。以100%比重为总数：

1．她是个常常失约的人。（占15%）

2．她忘记了约会。（占10%）

3．她很讨厌我，有心失约，以捉弄我。（占5%）

4．她的工作单位有急事，来不了。（占25%）

5．她遇上车祸之类的意外。（占1%）

6．她家里有急事。（占5%）

7．她有更重要的约会。（占19%)

8．约错了地点。（占8%)

9．约错了时间。（占10%)

10．约错了人，通电约会时，她以为是别的男人约她，又或是，我打错了给另一个女人。（占2%)

我们对于未来世界的风险评估，如果没有统计数据的支持时，唯一便是依赖"任意数值"这一极不可靠的方法。从我约会心上人，到计算穿梭机的失事几率，以至于雷曼债券的风险计算，以至于所有的一次性，或发生数量不多的事件预测，统统是基于这方法去计算。是的，这种计算方式是属于预估之类，也是很不可靠的，但我们没有其他更准确的方法，去计算不确定的未来。

6.3.2.3 无法准确计算风险

以上两小节得出的结论是：统计学是唯一有效的风险计算方式，虽然并非绝对准确，但已足够应付大部分的情况，至于那些单一事件，或是发生次数很少的事件，根本没有有效的风险计算方式，现在用的"任意数值"，其实同原始人凭经验和直觉，根本上没有多大的分别。

很可惜，现时不少结构性的避险产品，都并非倚靠统计学，而是利用"任意数值"这种假科学的方式，去包装、去计算。

6.3.3 如何去避险

一篇文章写了这么多的理论架构，现在才到正题，对我来说，这还是第一次。但是，大家必须记着，前文翻来覆去，阐述的是基本的概念，如果不把上述的前提都搞个清清楚楚，要读通以下的分析就有困难了。

先前我颇为啰嗦地评述了有关"风险"的种种，只是为了把这概念解释得更详尽，所以用上了最广义的风险定义。我并没有忘记本文的主旨在于投资，因此当大家理解了"什么是风险"这个基本概念后，到了"避险"这实际操作的阶段，我将会集中火力，去分析避险的投资原理。

6.3.3.1 避险的代价

没多久前，我去医院做身体检查，发觉检查很不完善，这"套餐"有很多疾病是查不出来的。于是我问医生，医生的回答是："如果每一种都去检查，不单费用昂贵，需时好几天，你亦太辛苦了。而且，一些检查涉及辐射，对身体有损，如你并非高危者，没有必要去检。所以我们只把最高危的部分列入『套餐』之内。"很不幸，我患的病是在五十岁以后，统计学的数据才变成高危，我因不够五十岁，便没有做过检查，那就出事了。

这故事告诉了我们，避险是要付出代价的。如果你不愿意付出代价，那便无法去避险了。问题是：这代价有多大？我们能不能负担得起？我有一个朋友，十分注重健康，每半年做一次全身检查，每次买单十多万元，这显然是一般人难以付出的代价。

6.3.3.2 完全对冲的不可能

我在学习炒卖技巧时，学到了一种招式，叫"锁仓"

（lock）。技巧是这样的：当你买下了，嗯，假设买的是期指吧，假如它下跌了（其实上升也没有关系），你输了钱（其实赢钱也没关系），而你想锁住损失（赢钱时则是锁住利润），但又不想离场，方法就是"锁仓"：你再沽出一张期指。这样子，你手头有一张买入的"好仓"，也有一张卖出的"空仓"，两者抵消了，于是你便成功地把损失（或利润）锁住了。

当时我的年纪还少，但已知这是自欺欺人的做法，除了令经纪增加收入之外，没有任何的用途。要知道，在数学上，以下两者是全无分别的：

1．你买入一张，沽出一张，手上持有两张，一张好仓，一张空仓。

2．你买入一张，把这张沽出了，手上一张也不持有。

"锁仓"的做法，就是"完全对冲"。这即是把所有的风险都抵销掉了。但同时，你也不可能有利润，因为完全对冲相等于完全没有入市，等于手上还持有现金。

很明显，完全对冲根本不能算是投资。既然没有投资，那就没有风险可言了。因此，在投资世界，真正的对冲都是并不完全的：我们就像一个猎人，既要捕食猎物，但在可能的情况下，却得尽量去避开风险，例如说，避开狮子老虎、小心迷路、预防天灾，但避险并不等于不去觅食。它只是在我们可能付出的代价之下，一边追求"希望"，一边尽可能去减低风险而已。

6.3.3.3 投资保险费用高昂

我们买保险，就是为了预防天有不测之风云。同样地，我们也可以为自己的投资去购买保险。

举一个例子，你买了一些蓝筹股，它上升时，你赚了钱，但又害怕它会下跌，令你大笔亏蚀，甚至是血本无归。于是，你有一个"买保险"的方法，就是沽出相同数目的认股证。当股票赚钱时，认股证会抵消部分利润，反之亦然。然而当股票大升时，理论上你的利润是无限的，但认股证顶多变成废纸，由于它的价格比之正股便宜得多，因此你输钱的数目是限的。这似乎是很划算的事情，对不对？

假如把认股证当成是买保险，它的溢价就是保费。假设一张半年期的认股证的溢价是一成至两成，你一年付出的保险费就是两成至四成的正股价钱。换言之，你的投资必须赚回这份成本，以上的才是利润。顺便说一句，两成至四成，这是巴菲特的投资回报，除非你的投资天分能够胜过巴菲特，否则你不可能赢回"保险"的成本。

我可以大胆地说一句，每一种为投资做出的保险，都是不值其票价的。很简单，这笔账谁都会算：执行价智商你全赚了，因此你必须付出极高昂的保费，再者，发行者"投资保险"者也不是吃素的，他不赚你巨额的溢价，利润何来？

6.3.3.4 不完全的对冲

除了完全的对冲之外，我们也可以有不完全的对冲，即只对冲了部分的风险。这里并不准备详述这种技巧，因为我认为，举例说明会更有效，这例子叫"持股票沽期指"。

你持有一只认为很有把握上升的股票，但恐怕因发生了股灾，城门失火，殃及池鱼，正如不管多优质的公司，当碰上了金融海啸，也无法抗拒下跌的"地心吸力"。于是，你为了这只优质股票而买的"保险"，也即是说避险的方法，就是沽空期指。

我记得向华胜大哥说过，他在1997年时，持有大量的某只股票，因为所持有的股票太多，在金融风暴来临时，逃也逃不掉。后来他回想此事，认为太过失策：他的股票虽然逃不掉，但却可以沽空期指，拿回部分成本。这便是相同的策略。

这种方法的缺点是：因为对冲并不完全，不排除股价下跌，期指却上升，令你输双倍的可能性。

记着：凡是不完全的对冲，都有输双份的可能性，这是定律。因为不完全的对冲，代表了持仓，虽然消除了一项风险，却增加了另一种风险。

6.3.3.5 对冲的结构性风险

假设有一个外围庄家，他接受了一项一百万的筹码投注。后来他发现买家大有来头，可能是内幕人士，他为了不想损失，便把这投注改投到另一位行家的身上，以作避险。结果他料得没错，那场球赛被人赌中了，他唯有赔钱给客人。本来，他可在那位行家的身上收回成本，但可惜，那位行家因为输光了，拍拍屁股逃跑了。于是，这位外围庄家的避险变成了"白避"，一点儿作用都没有。

这是因为投资工具和发行为其避险的机构是不同的公司，当其中一间倒闭时，你仍然得付出另外一边的损失。打个比方，你买了一只叫"赌鬼"的股票，然后同"周显证券公司"买了同等数量的认沽证。结果是，"赌鬼"的股价下跌了，但周显证券公司却倒闭了，因此你购入的认沽证也就变成了废纸。

我不得不承认，在现行的金融制度下，大型机构倒闭的机会不大，但既然雷曼也能倒闭，其他同类公司倒闭的可能性也是不容抹煞的。而这一节说的只是一个概念：投资工具和其避险工具的发行者几乎肯定是两间不同的机构，因此，其对冲也是绝不完全的，既然不能完全对冲，自然也就不可能完全避险了。

写到这里，再想到了一个完全对冲的好例子，就是大豆农民在种植之前，先沽出期货合约，锁住利润，以回避价格下跌的风险。结果是大豆全面失收，包括了他的农庄在内。于是，他在期货市场输了钱，也无法卖出贵价大豆实货，以作对冲，因为大豆失收，他根本种不出大豆来。这个错失正是基于：他的农庄和期货交易所是两个不同的机构，因此永远会有可能只要其中一方发生了状况，就会造成了不能完全对冲。

6.3.3.6 利用避险工具来赚钱

很多避险工具都有其杠杆性，例如期货、认股证之类，正因为其杠杆性，反而更可以小搏大，以作炒卖。由于本文说的主题是避险，所以对此不多提了。

6.3.3.7 对冲基金的本质

台湾人译作"避险基金",香港人叫做"对冲基金",我认为两种译法的分别不大,因为作者是香港人,为了令作者写得舒服,读者也看得舒服,因此顺手写成为"对冲基金"。

本文的主题是避险的本质,本无意去分析对冲基金的内涵,但因为刚刚"路过",提及了它,想一想,约略介绍一下对冲基金,将会令读者更容易理解下文分析的概念,因此便不吝去花上一点点的时间,笼统地去解释一下。

有看经济新闻的人都知道,"对冲基金"的本质就是大炒家,很多时赚到盘满 满,也很多时输到焦头烂额收场,非但避不了险,而且还是风险至高。它既然是炒家,为什么会改上这个名字呢?

前面说过,市场上有很多投资工具,其中不少的本意是用作避险的,例如认股证、恒指期货等,理论上,都可以用来作为避险之用。由于这些所谓的"避险工具",往往有着极高的杠杆比率,或者是它的溢价成本极重,有着先天性的危险本质,因此传统基金是不准购入的。但"对冲基金"就不同了,它属于"无恶不做"之流,即是无论什么投资工具都可以购买,包括了所有的避险工具在内,因此,它便叫做"对冲基金"。这即是说,对冲基金并非给一意为投资而避险的人而设,它只是可以投资在避险工具,以扩大其杠杆比率而已,反而,它是风险最高的基金。

6.3.4 分散投资的风险

有一种说法：分散投资可以降低风险。例如说，有一种叫"投资组合"的东西，意即把财产分散在不同的资产，A升时B跌，B跌时A升，便能平均了风险。最常见的方式，是买一篮子不同的股票或货币，可能还包括了不同国家的地产，诸如此类。

我并不反对这种说法，但这种避险的方式也是有着根本性的缺陷。

6.3.4.1 投资太多影响成绩

给十个女人我去挑，我一定挑最美的。如果可让我挑两个，就挑最美的两个，如挑三个，则挑冠亚季军。投资也是一样，如果给你挑一只股票，你一定挑一只最好的，买两只，就挑前两名……因此，挑选的机会越多，一定越挑越差，这是错不了的定律。

同样地，如果只准单一项投资，你一定可选出最中意的。如果挑两项，就一定会影响你的成绩，同样道理，分散投资只会影响你的投资成绩，而且越是分散，成绩越差。因此，分散投资也是"保费"的一种：你牺牲了投资的成绩，以换取其安全性的增大，只是这种"保费"属于"暗水"的一种，即是你无法察觉，但实质上是存在的。

6.3.4.2 分散投资的"指数"问题

假设你有五种投资：本地房地产、股票、本地存款、外币、外国房地产。这看来似乎已有了足够的安全性，问题是：这些不同的投资，应占你的投资组合的几分之几？每种占百分之二十，还是有的占比较多，有的占比较少？很明显，每一项投资占的比例该有分别，例如说，持有现金在长期而言是吃亏的，因为现金总是会贬值，所以我们不应持有太多的现金。本地房地产和股票应该多持一点，但两者的比例又当如何？

我们根本无法订立一种指数，去客观地决定每一种投资应该占的比例是多少。我承认，分散投资某一程度的确可以回避风险，但这种避险的程度受到了限制。如果我们买入某一股票，这公司可能倒闭，如果我们持有某种货币，它可以在一夕间大幅贬值，如果我们购买一个住宅单位，它可能倒塌或发生火灾（而你没买保险），如果你懂得分散投资，以上事件很可能会发生其中一项，但同时一起发生的机会则低得几乎不可能。因此，分散投资的确可以有效地令我们免致"全面损失"（total loss），但是"局部损失"却是不可避免的，我们甚至连"保本"，也没有把握可以做得到。

6.3.4.3 火烧连环船

不少的投资工具，其实都是类似的产品，例如说，如果你把钱分散在十只不同的股票之上，但遇上股灾，十只股票都一起下跌。如果你把钱也买了房子，楼股齐跌是常见的现象。如果你投资了外国，在全球化的现状下，世界性的金融灾难是屡见不鲜的。

以上的"火烧连环船"的事件的理由很简单：就是所有的资产都是相对货币定价的，当货币增加时，它们可以一起涨价，货币减少时，它们一起跌价，所以它们往往是大势相同，无论怎样去分散投资，都改变不了这事实：投资就是根本无法绝对地分散。

6.3.4.4 真正分散的不可能

尽管投资很容易"一荣共荣,一枯共枯",但仍有不少(在某些时期)是可作局部对冲的,例如说,持有现金便(有时)可对冲房地产和股票的下跌损失,因为它们下跌时,代表你手头的现金可以买到更多的平货。有时候,持有贵重资源,如黄金等物,也可做出某程度上的对冲或避险。

问题是,世上的投资工具这么多,更有这么多的国家,如果你分散投资,要分散到哪一地步,才叫安全?一来你没法子买下所有种类的资产,以地产为例,就算是同一国的地产,不同地区,豪宅或中下价物业的价格波幅都不同,任何人不可能有这么大的"篮子",装下所有不同种类的资产。

理论上,如果你有接近无穷多的金钱,如盖茨、李嘉诚,也有极大型的计算工具,你可以把资产分布在全地球的不同资产,以获得几乎是绝对的安全,但很明显,世上有此财力的人并没有几个。正是"吾钱也有涯,分散投资也无涯,以有涯随无涯,殆矣!"

6.3.5 疯狂的幻想

在写结论之前,我想在这里同大家分享一个故事,一个幻想出来的故事。

我很喜欢幻想,喜欢得简直像自闭狂。其中一个最美好的幻想,是发了大财,变成超级富豪。

做了超级富豪,当然不用炒股票,只想找稳妥的投资,寻找安全感。那时，投资的目的并非为了赚钱，只是为了保值，不，连保值也不用，我不介意正常的贬值，只要速度不要太快，我的富豪身份都能维持至死的一天便可以。我只是想维持富豪的身家至死，不想像汉朝的邓通，曾经拥有铜山，照样逃不出饿死的命运。

首先，我会持有大量的现金，除了银行存款外，最好有现钞，因为银行可能遭到挤兑。各大国的钞票都要有，就算任何一国政府破产了，或者给人推翻了，新政府不承认旧法币，也有其他国家的钞票可以花。

除此之外，还有恶性通货膨胀，可令钞票变成废纸。为保险计，最好留上几吨黄金在身边，以策安全。不过黄金没有实际的用途，最好还有一些贵价金属，例如白银之类，作为辅助。

但遇上某些巨型灾祸，钞票和金银都不够安全，如果能像李嘉诚般，握有超级市场，还要是遍布地球的网络，就算遇上世界大战，或者陨石撞地球，只要肉体不死，就不愁饿死。

但遇上大饥荒时，有超级市场也无用，如果连供应链也一并控制，在地球各大洲分别购买农场牧场，生产给自己享用，保证自己是最后饿死的几个人。

以上的情况，适用于私有产权仍被承认时，假如私有产权无法维持，还是家里常备大量粮食，最是稳当。经历过二次大战的老人家，不少仍保留家中大量存粮的好习惯，取笑他们的人，哼哼，希望你们不要有知错的一天。但粮食可能被人抢，能合法地拥有枪械武器，保护粮食，才最理想。

为了这一点，上佳主意是搬到美国，找个可以合法藏有枪支的州，长住下去。不去美国也无不可，家里养几只恶狗，首选是狗中之霸藏獒，阻吓力比枪还要大。嗯，如果住在美国，不妨住在农场或牧场，亲手控制食物供应链，不假手于人，没有人比自己更可靠。

　　光有枪炮和恶狗都没用，贼人一多，我便不是对手。绝顶聪明的办法，是聘请私人军队，保卫我的最后财产。只要我平时对军人好一点，世界大乱后，能继续供给他们的日常生活，就算政府无法继续保障私有产权，惯性也会驱使他们继续效忠于我。不要笑，中国多次战乱时民间建造的碉堡，就是一伙人为了在战乱中自救，合力制造出来的民间武力组织。带头组织的，多半是当地的缙绅，那即是变富豪后的我了。不在话下，我需要更大的农场和牧场，才能确保养活所有的（包括保镖在内的）人口。

　　（我最想开设的公司，是像美国最大的军事承包商"Xe Services"，前名为"黑水"的机构。它拥有私人军队，最先进的武器，就算是发生了世界大战，老板Erik Prince肯定不愁饿死。）

　　最完美的，是像传说中的宋孔家族般，在休斯顿建一个庞大的地下城，核子战争时便躲进去避难，这就美丽得像童话故事了。

　　从上面的故事可见，绝对的安全并不存在。每要求进一步的安全，投入的资源需要以几何级数增加，而投入和回报是不成比例的，因为发生可能性太低了。我不反对避开风险，但到达某一程度时，进一步避险的成本太高，我就不愿意付出了。

正因世界充满风险，要避也避不了，我的做人宗旨是勇于面对风险，敢于同危险搏斗。安全不是不要，像我，进地盘必戴安全帽，在马路中心时站在安全岛，遇上火灾时会走安全门，同美女上床时要用……但成本太高的安全，可免则免了。

6.4 结论：投资的倾向性不可避免

本文的主旨，就是为了说明投资没有纯守势，不管你有如何广大的投资组合，照样要面对资产总值波动的风险。任何方式的避险都需要付出多半很不值得的高昂代价，甚至也没法子100%能避险成功。用一篮子资产来分散投资的确比较安全，但只是"比较"，而非"绝对安全"，而且成本也十分高。就像你买了保险，但保险公司都有倒闭的可能性，遇上时照样血本无归。

正如本文开首所言：人生对未来充满不确定性，我们根本无法完全防止风险。这里并非反对避险，只是企图向读者说明：避险是一种奢侈品，使用时必须付出代价，当我们的财富越多，便需要更高层次的避险，但这也意味着我们得付出更高昂的代价。当一个人的财富没有到达这地步时，而采用他花不起的避险方式，便是傻瓜。但反过来说，如果他有资格去做出某种避险，而不去回避时，也是傻瓜，正如世上有很多癌症，如果每一种都去做出预防，非但防不了，也令你有限的生命活得无趣，但如果你明知自己是肺癌高危一族，家族有肺癌的历史，还去抽烟，那就是玩命了。另一个例子是子宫颈癌，如果打一针就可以预防，成本这么低，不打就吃亏了。

7. 流通性和预期回报率

7.1 前言

本文讨论的是有关市场流通性的重要性。相信大家都知道,流通性的不同会影响到商品的价格。本文准备更清楚地说明这一事实,从而分析这对于投资的重要性。

7.2 什么是流通性

货币是用来交换商品的媒介。所有的商品都以货币来定价和交换,而现钞是所有货币之母,是货币的最基本表达方式,所谓的"流通性",就是指它能换回现金,甚至是现钞的方便程度和速度。现金和现钞的分别就是银行存款和一张张的银纸的分别,这其中只有一线之差,但这一线之差也构成了分别。

例如说,爱玛士和路易威登这些名牌包包的流通性就很高,因为可以随时到米兰站卖掉换钱,一手交钱,一手交货。我手头有一个"信三郎布包",是京都名物,日本第一号名牌包包,但要去卖掉换钱就困难了,可能得在网上拍卖,找上许多天,也找不到一个客户。

7.3 公路运输农作物

在古时，不时发生饥荒，因为饿肚子而"人相食"，也是不时发生的事。但中国的国土是这么的大，就是发生饥荒，也不可能是整个国家的共同问题。这正如作者写本文的2010年，中国先是西南部发生旱灾，继而长江流域发大水，水灾旱灾一起来，也是屡见不鲜的事。

古代之所以有饥荒，究其根底，并非因为整个中国的粮食不足，而是没有运输能力，令产粮地区的食物迅速而成本低廉地流到饥荒的灾区。中国的领导者都明白这一点，因此只要是太平盛世，无有不建设水陆交通，以方便运输粮食，今日仍然存在的大运河，就是这种思维下的产物。

如果我修了一条公路，在公路附近的农地都会受惠，因为其农作物可以利用这条公路运输到更远的地方去，这就是增加了农作物的流通性，因此，也令农作物的价格增值了。但同时，因为公路需要建造成本，假设公路因而需要收费，农作物的增值价值必须高于路费，也即是使用公路的成本，这才有利可图。因此，使用这条公路的农作物必须是高档商品。

7.4 上市公司有如公路

上市公司就好比那条公路。只有高档的农作物才能使用公路，也只有大规模的公司才有资格上市，因为上市和维持上市地位的成本不菲。

公司上市的最大得益，就是其股票可以在交易所买卖，这增加了股票的流通性，从而令股票的价格增值了，就像公路使农作物的价格增值了。两者的道理是相通的。

注意"价格增值了"这句话。这也带出另一个重点：上市股票的价格较相同情况的非上市公司为高。

7.4.1 非上市公司的回报

如果你要投资进一间私人公司，假设是朋友开设的一间贸易公司，或者是一间酒楼吧，你会期望多久能收回成本呢？我用这问题问过不少朋友，也抚心自问过，我想一年至三年是"人体极限"，没有人期望五年后才能回本，如果是五年后回本的生意，也没有人会去投资。

换了在上市公司，市盈率在1至3倍的，几乎是天方夜谈，就算是5倍，也是凤毛麟角，极其罕有。这证明了一个事实：一般来说，投资在非上市公司的回报率比较高，投资在上市公司的回报率比较低。这是因为公司上市后，其股票由"死股票"变成了"生股票"，流通性加强了，因而出现了溢价。

7.4.2 蓝筹股的溢价

同是上市公司，两间公司有着相同的"牌面"，例如相同的每股盈利能力和前景，但A股票的市值较大、流通性较高，即是每天买卖成交量较大的，或者是蓝筹股，其平均价格也会较高，也即是投资者需要使用较高的价格,才能买到相同价值的商品。

如此说来,非上市公司比上司公司"便宜",二三线股又比蓝筹股"便宜",投资者甘心付出这溢价,只是因为一个原因:流通性问题。我们想在必要时把这些股票换回现金,而流通性较强的股票比较容易在任何时间都能出售,换回现金。

换句话说,如果投资者只贪图长期收息,而不考虑沽出股票,投资蓝筹股的得利会低于二三线股,因为前者的平均市盈率较高。所谓的"考虑沽出股票",只是一个权利,我们并非真的要沽出股票,而是当我们持有流通性较高的股票时,比较安心,比较踏实,因为我们知道当有一天急需现金时,可以马上把股票换回现金。这就像居住在公路附近,代表了农作物的供应不缺,那就不那么容易会陷入饥荒。

7.4.3 资讯差的问题

人们既然明知上市公司的回报率比私人公司低,还要购买上市公司的股票,当然有其理由。其中的一个最大理由,是有关私人公司的资讯太少,一般人的搜集资讯能力有限,难以找出较为优质的公司来。

相反,上市公司有着公开的资讯,我们要挑选一间优质的上市公司,所花的时间远远低于挑选优质的私人公司。这好比利用公路运输的农作物是很容易购买得到,买家也很容易做出挑选,但如果要分头去到各大农庄寻找作物,我们首先要得到各大农庄的地理资料，再要千里迢迢地去一一探访、挑选，如果要找出一百间农庄，可能得走上一年，这太费时失事了。

以上的"资讯差"令上市公司对投资者的选择有着特别的优势，也令前者享有更高的市盈率，而投资者是甘心付出的。

7.5 银行存款的实例

从以上的分析，我们可以得出一条定律：越是接近现钞的资产，价值越高，因而回报也越低，反之，越难换成现钞的资产，价值越低，因而人们也会要求更高的回报。

用一般人最了解的例子来说明：银行存款。

1．现钞最方便，所以现钞没有利息。
2．活期存款有点麻烦，所以是有利息的。
3．定期存款距离现钞更远，利息便要更高。

7.6 保险的缺点

以上的定律放在银行存款当中，是人人皆晓的，可是放在其他的投资工具中，概念便常常混淆了。例如说，储蓄保险的最大缺点，在于其流通性太低，难以变回现金，但投资者往往忽略了这一点。

7.7 大型屋苑的溢价

同样道理,在房地产的世界,流通性较强的大型屋苑,或者是刚推出、正当炒的新楼,也有着其溢价,投资者如果是自用,购买五年楼龄以上的单幢楼宇,付出的"流通性溢价"会比较少。

7.8 九龙站的套利

正因为各种资产因流通性有别,因而产生了价格差距,不少对冲基金便利用这差价而赚取利润,这叫做"套利"。我有一个真实的例子:

数月前,我有一个朋友,说想买下一个全海景的九龙站住宅单位自住。我说:"九龙站的回报率是2.5%,你去买港岛区的旧楼,回报率是3.5%。如果你去租住九龙站,然后买港岛区的旧楼收租,就可以赚取这1%的差价。"

对冲基金套利的结果是当发生了某些极端的情况,流通性较低的资产突然变成了全无流通性,卖不出去,"套利"变成了"套牢",那就完蛋大吉了。这正如我的朋友听取了我的"忠告",却遇上了租霸,别人不交租给他,他仍然要交租给九龙站的业主,便血本无归了。又或者是,九龙站的价格升幅远远高于香港岛的旧楼,他也会怨我一生一世,而我也是少了这个朋友。

7.9 结语：高流通低回报定律

用日常语言去理解现金的用途，就是一句老话："钱是用来花的"。

我们穿衣吃饭、买屋乘车、泡酒吧找女朋友，全都要现金，不能"赊住"。就算是完全不懂经济学的人，也知道钞票的可爱，从衣食住行到约会异性，都需要钱。不管我们有多少资产，你去爱玛士的专门店时，不能用股票去换个包包，你同爱人烛光晚餐，不能用屋契去买单，你付房租时，不能用达利的大铜章代付，坐出租车更不可能用债券来付费！

但，现金也有先天的缺点，就是它有贬值的倾向，长期持有现金，有如孤男寡女独处一室，结果是必有损失。因此，我们需要把现金用来投资，但又希望当需要用钱时，或者是，当看见手持资产的价值出现了潜在危险时（即是它的价格可能马上大跌时），随时随地能把资产沽出套现。

资产的流通性给我们提供了安全感。但这安全感需要付出代价来获得，就是比较低的回报率。

第四部分：

美国经济和泡沫

8. 美元和美国经济的本质

8.1 前言

19世纪的大英帝国首相狄斯累利好像说过一句话："如果我想看一本书，我就自己去写一本出来。"因为我对其他人写的同类东西并不满意，便写下此文。

8.2 从历史的观点去看

世界历史上出现过不少大型的帝国，但同今日美国情况相似的，只有两个：一个是在耶稣出生前数十年开始，维持了约四百年的罗马帝国，一个是十三世纪时的蒙古帝国。

其他的帝国不是存在时间太短，例如阿历山大的马其顿帝国。或者是同列强并存，只是其中的一霸，不是独霸，如19世纪的大英帝国。波斯帝国有过好几个，但都不过是地方霸权，没有称霸天下的实力。中国的汉唐清朝虽然强大，可是本部的人口和土地面积占了帝国的一大部分，"帝国"的成分并不够强。

个人认为，在金融经济的世界，人文知识远比数学重要。正如我在其他书中说过的名句：发达的商人很少会是会计师，真正的投资大师也永不会是数学专家,爆破场的数学专家就颇为不少。货币学大师弗里德曼的最重要学术作品并非任何与数学有关的经济学,而是《美国货币史》。如果我没有记错,张五常说过:所有伟大的经济学家都精通历史。因此,从历史看现代,是有其必要性,也是分析金融经济事件的最有效方法。

在下文,我会首先检视罗马帝国和蒙古帝国的有关历史,然后凭此推理出美国的情况。

8.3 罗马的抢钱经验

基本上,罗马帝国的公民是很少工作的,他们最主要的工作就是战争。他们没有国民预算案,每年的财务数字都是赤字。但这不要紧,因为每当罗马人征服一个新地方,便大事抢掠,以填补国库的空虚。这种"商业模式"固然是本小利大,问题是:

1. 不停扩张的同时,军队数目也在不停地增加。从第三世纪到第四世纪,帝国的面积减少了,但军队扩张了一倍有多,从三十万增到了六十五万,这还不算制造最新的"高科技武器"(例如骑兵的装备)的成本。

2. 国家周围的肥美土地全都给征服了,跟着再吃下去的,成本越来越高,收获越来越低。例如说,罗马在一世纪时征服了不列颠群岛,但数十年后去考察计算,发现这地方太过荒芜,征服和占领的成本效益计算是得不偿失的。

当"抢掠模式"已经无利可图,征税也有限度,不能无止境地征下去，因为税率不可能是100%。渐渐变得穷疯了的罗马人想出了一个新的点子，就是发行更大量的货币，也即是今日大家熟悉的"美国标准"：印银纸。当然了，货币不能一下子的全发出去，而是一点一滴的，每次把其金属价值减去了一成左右，这是人民可以忍受的范围。

总之，罗马用了两百年的时间，币值减去了95%。史家只留意到其货币的大幅贬值，导致了通货膨胀，却没有太多人注意到下列的事实：

从广义的角度看，罗马货币贬值后的购买力非但没有减少，反而提升了。打个比方，世上本来有一百万元的货币，现在增发到二百万元，即是增加了一倍。而一棵菜本来卖1元，当货币的数量增加了一倍后，它"只"卖1.7元，而非2元。从这角度看，货币的购买力反而提升了。这一点，相信四十岁以上的香港人都能明白：在上世纪八九十年代的高增长、高通胀时代，港元的实质购买力不停地下跌，但香港人的收入增加得更快，令我们的生活变得越来越好。

罗马的生产力增加，归因于三个理由：

1. 生产技术进步了。
2. 罗马制造了大量基建，如交通等，减低了运输成本，相信大家都记得"条条大路通罗马"这句老话吧？
3. 统一国家造就了统一的大市场，贸易有利减低成本。

8.4 蒙古的商业模式

蒙古帝国是史上领土面积最大的国家，总面积比全盛时期的前苏联还要大上一半，占了地球所有土地面积的两成。

蒙古人虽然也喜欢抢掠，但是，他们更喜欢贸易，因为贸易是游牧民族的天性。相比起罗马人，蒙古人虽然文化水平较低，可是从经济活动这方面看，蒙古人却是更为先进。

成吉思汗死后，蒙古帝国继续扩张，但到了第三任的蒙哥汗死后，帝国便已分裂。帝国尽管分裂了，在蒙古诸国之间往来做贸易，还是不受国界所约束，一来大家都是蒙古人，同文同种，二来蒙古人天生喜欢做贸易，很鼓励商人去做生意。正因为蒙古人的重商主义，马可波罗才可以从意大利东行到来元朝的中国，写出那本风靡西方世界的名著。

纸币是中国人宋朝时发明的，但元朝人将它发扬光大。元朝的蒙古人没收了所有人的黄金白银，包括外国商人的在内，然后发给他们纸币，要他们必须用纸币交易。当外国商人离开元朝的国土后，可以凭纸币照价换回金银。这种做法，已经同我们在今日使用的货币没有多大分别了。

纸币对于贸易的好处，是无须理会钱币的纯度，坏处就是政府可以滥印。蒙古人同世上所有别的人种一样，规矩守不了多久，便堕进了滥发货币的滥觞。当一个国家衰落时，政府的收入一定会出现问题，最快捷的解决方法就是印钞票，虽然这会引致通货膨胀，但要解决问题,没有比印钞更简单直接的了。

8.5 罗马和蒙古的经济模式

罗马帝国和蒙古帝国不约而同地,其本部人民都不事生产,最主要的工作维持军事力量,采用自由贸易政策来为帝国创造一个庞大的贸易圈,初期是透过抢掠,然后是透过征税和货币政策,去取其附属国的财富。

凡是人人都采用的方法,一定有其内在道理。为什么罗马和蒙古都采用了相同的经营模式呢?

相信大家都知道经济学上,分工合作的重要性。分工合作是小尺度的行为,大尺度的说法是"比较优势"。在一个大型帝国之内,市场变得前所未有之大,分工合作也会变得更为精细。这就像中国的市场之大,温州可以垄断了全世界七成的打火机制造市场。在当时的罗马帝国和蒙古帝国,也毫不例外地存在着大区域性的垄断某些行业,因为分工才符合经济效益。

问题来了:如果你是统治者,你会选择什么行业去做出垄断?或者说,你希望你的本部人民除了军事之外,还去从事哪项专业。

答案是很简单的:当然是利润最高、工作量最少的行业了。不用说,这种行业就是金融业,所以统治者的人民都争着去从事金融业,例如说,发行控制区之内人民必须使用的货币,诸如此类。要不,难道统治者的人民会去辛苦地从事体力劳动,留下舒服的工作给二等公民去做吗?

8.6 美国的局限条件

因为时代进步，以前行之有效的"帝国经营模式"，美国并不能照葫芦画瓢地使用。例如说，美国不能向其他国家征税，如日本南韩之类，顶多是利用强制贸易，把过期武器卖给台湾，或者是强迫日本开放市场，又或者是在伊拉克开设了大量的美资公司，诸如此类。

在现代社会，抢掠也是不可能的，不是因为不可以抢，而是因为大部分是无形财富，要抢也抢不了。以香港为例子，如果你有军队，大可以把香港占领了，抢光香港人的财产，然后你会发现，以往可以卖至七万元一平方尺的天价跳层缩水豪宅，可能跌去了八九成的市值，至于股票和钞票，更可以同废纸无异。因为现代社会的无形财富，是禁不得战乱的，这好比一只生金蛋的鹅，只有在维持它舒适的现有生活环境下，才能继续生下金蛋，一旦改变了生活环境，金蛋便生不出来了。这有点像杀死岳飞的宋高宗赵构，据说因为战乱的惊吓，从此变成性无能。

但正如前言，一个帝国对其附庸是永远收入多，支出少的。这就是"主人"和"奴隶"的分别："奴隶"为"主人"生产，不可能倒转过来，由"主人"来做生产，任由"奴隶"享用的。故此，不管采用什么方法，美国一定会遵从这大前提，想办法"宰杀"帝国之内的附庸。

8.7 美元的印刷

美国向其附庸收取的"保护费"当中,最为人熟知的就是货币。事实上,这正是罗马和蒙古两大帝国所使用的政策,没有什么新意。

作为天下无敌的国家,全世界都得买入美元和美债,因此它可以"无本"得到其所需的商品。它只需要慢慢贬值,不太多,只是偶尔、一点点儿地滥发,大家虽然介意,但也没有法子。毕竟,罗马帝国货币滥发了三四百年,只要它的霸权仍在,这是一点没有问题的。

这一段是企图说明,美国的大笔赤字、大笔入超,反而是天下无敌的帝国的常态,那些见状大惊小怪的人,是读史太少了。

8.8 贸易的自由

经济学简单常识告诉我们,市场越大,越有规模效益。因此大型帝国莫不喜欢自由市场,因为这会使其控制领土赚更多的钱,从而令它可以榨取更高的收入,从罗马到蒙古帝国、美国,莫不如此。

在20世纪初期的帝国主义,例如大英帝国,其经营模式就是从殖民地输入廉价原料,自己加工,制成高档产品,卖回给殖民地,以至售遍全世界。现在的美国则是输出高档产品,如波音飞机,输入低档产品,如沃尔玛出售的日用品,诸如此类。总之,原理脱不了前文说的定律：自己做高收入的工作，别人做低收入的工作。

8.9 金融：美国的新经营模式

大约在二十年前，克林顿时代开始，美国开始改变了"经营模式"，那就是用金融来赚取它应有的"高端收入"。这毫无疑问是比较聪明的经营模式，因为金融业比生产高档产品的利润更为丰厚。

美国使用的手法，是发行不用本钱的美元，用来收购各国的资产。这些资产主要是股票，因为股票是不记名的，比较方便去持有，其次就是房地产，这也可以利用股份制去拥有。这种做法的先决条件就是金融的自由化，这也是这二十年来美国的基本策略。

这的确是比较聪明的经营模式。美国人卖掉一架波音777给中国，是谁也可以看见的事情。但假如美国人持有两成中国移动的股票，坐地分红，非但赚了大钱，亦是谁也不知道这件事。假设美国持有了某国的两成资产，这国家的总生产力的两成利润便进了美国人的口袋了。这岂非比搞贸易更易赚钱？

记着一点：美国人并不想控制外国公司的主要股权，也不想拥有外国的大部分资产，如果是这样，相等于自己去经营，自己去赚钱，这就没意思了。真正的帝国霸主是：它只占了你二至四成股份，你努力去赚钱，它只管分肥，这才是主人和奴隶的分别。

当年通用汽车总裁Charles Wilson (1890–1961) 要转当国防部长，被国会问到他会否做出不利通用汽车的决定时，他说：

"凡是有利国家的，都有利于通用汽车的，反之亦然。"（……I thought that was good for the country was good for General Motors, and vice versa.）现在通用汽车的超然地位已由高盛证券取代，而高盛的高层不断地出任财政部高职，这二十年来，美国投资银行和基金不停地进驻世界各国，买入了无数的资产。以香港为例子，在二十年前，谁听过"高盛"这名字？那时香港最大的是"新鸿基证券"，现在其风头已被西方的几间大行盖过了。

同类事情也发生在其他国家。金融海啸后，韩国的金融市场被迫向美国开放，美国也支持赞成开放的韩国总统金大中，不枉多年前在公海救了他一命，要不金大中已遭政敌在公海杀害。日本在上世纪陷入衰退后，金融市场也逐步开放了，美国人开始走了进来。在以前，日本人只知野村证券，谁听说过高盛、大摩？

8.10 帝国的衰落

无论是罗马帝国和蒙古帝国，都不是给国内经济击败的。一个帝国在扩张期间，是不会有经济问题的，就算有，也很快便能解决，不会构成大麻烦。军事强人是不愁没钱花的，这是定律。

帝国灭亡的步骤，首先是扩张停止，主要是因为附近最肥美的国家都被吃掉了，余下未吃的，其财富土地既不吸引，距离本土也太远，鞭长莫及，也是难以取胜。正如蒙古帝国为打败明朝，花了五六十年，但打日本，分别在1274年和1281年打了两次，失败后便不再尝试了，正是因为明朝是肥牛，日本是鸡肋，攻打成本太高时，打之不合经济原则。

当帝国正在扩张时，贸易版图不停扩大，也有越来越多的市场去接受其货币，由于帝国之内，需要使用其货币来做买卖，这些货币既然有着必不可少的功能，就算滥发、就算贬值，只要做得不过分，永远还有市场。但当帝国不再扩张，便有收缩的危险，一旦帝国收缩，贸易量少了，货币也少人用了，而帝国内部的人的生活已经腐化了，开支大了，收缩不回来，这便导致了经济崩溃的恶性循环了。

8.11 近代美国的战争

从20世纪的美国历史之中，我们发现了对外战争对美国的重要性。美国经济在20世纪初已超越了英国，成为世界第一，但真正的称雄世界，还得数它打了两次世界大战，尽得战争的便宜。自此之后，美国便成为罗马、蒙古帝国以后的第三个世界大帝国，战争变成了它的发展动力。在这客观的环境下，它逐渐放弃制造业，从强迫贸易自由，到发展金融业，利用金融自由去"抢钱"，成为它的新经营模式。

事实胜于雄辩：美国每逢打输了战争，经济和货币都会变弱。越战时它仓皇逃走，七八十年代正是美国经济最最衰弱之时，"滞胀"便是出于这一年代。但当里根穷兵黩武，东打西打，甚至拖垮了苏联之后，它的经济和货币逐渐转强起来。老布什打胜了海湾战争，由克林顿承继了"和平红利"，美国更是如日中天。自此之后的十年间，美国的经济一直没有大问题，直至阿富汗和伊拉克的两条战线的先胜后泥足深陷，美国才出现了金融海啸和真正的衰退。

我并非说，如果美国没有陷入这两场战争，便不会发生金融海啸。而是认为，如果美国不是军事失利，它纵是遇上了金融海啸，其后果不会像今天那么严重，问题也会很容易便解决。

我的预见是，美国一天不解决在亚洲的两场战争，一天不会真正地复苏。这是扩张型帝国的宿命。

8.12 美国在金融海啸的真正损失

从金融海啸的角度看，美国人当然是大输家，输到了姥姥家。但这种说法并不完全正确，我们可从另一角度去看这事情。

如果你在2008年前拥有一间房子，市值是一千万元。现在的你则拥有三间房子、一堆股票，市值是七百万元。算起上来，你的资产总数目是多了，但其货币价值是下跌了，因为市场碰上了熊市，资产的价格都大大地下跌了。问题是：是现在的你比较富有，还是以前的你比较富有？

答案是：虽然在货币价值上，你是损失了，但你的确比三年前的你更为富有。因为资产是人人都持有的，当它的价值下跌时，人人都在损失。而世上资产的总价值算起来，比货币的总价值高得多，因此持有货币、不持资产而发大财的人的数目微不足道。但你比起三年前来，实实在在的是多出了两间房子、一批股票，因此你是比两年前有钱得多。

美国在这二十年来大玩金融，买下了不少外国资产。这些资产还在美国人的手里，没短少了，即是说，它从拥有一幢房子变成了三幢房子，还有一批股票，纵使是其所有资产的价格下跌了，它还是比以前更为富有。

说穿了，这二十年来，美国东征西讨，买下了不少外国资产，这些资产只有增多，没有减少过。就算遇上了金融海啸，也只是全世界大家齐齐输，又何惧之有？这就有如打麻将，在前七圈赢了二十底，第八圈输回五底，一圈输五底固然是惨绝人寰，但以八圈计算，还是有赢没输。

8.13 假设美国衰落

这里并不是预见美国的衰落，而是从历史的角度看，假设它衰落了，将会出现什么样的局面。

首先，美国衰落的首要原因必定是它打了一个败仗，或者是在阿富汗和伊拉克泥足深陷，落荒而逃，因为威信大受打击而引起的。正如前言，一个帝国的殒落原因只会是因为军事，决不会是因为经济。

第一个也是最致命的，将会是日本的脱离美国。直至现在为止，日本和美国的相互身份是战胜国和战败国，同美国的关系条款是最屈辱的，偏偏日本的政经和军事都已足够强大，其实并不需要美国的保护，所以现在日本内部有一强大呼声，要脱离美国的保护。事实上，日本的确不需要美国的保护，因为它有能力保护自己：如果朝鲜硬要炸一个核弹到日本，美国也防止不了，如要报复，日本自身也有这个能力。对中国和对俄罗斯，如果只算常规军力，日本也不害怕，再说，如果日本脱离了美国的核保护伞，不出三年，已可制造出数十枚足以威慑邻国的核弹。现在日本国内反美的声音越来越高，美国唯一所恃的，是别人对武力的信心。如果美国打输了一场仗，被发现它原来真的是"纸老虎"，自顾也不暇时，那又怎能保护邻国？这样子，日本便控制不了国内的极右势力，很可能会同美国讲拜拜了。

如果日本不付钞和付出土地支持美国海军基地，美国根本负担不了第七舰队的支出，这将会产生骨牌效应，菲律宾、韩国等其他东亚国家地区也不得不向中国靠拢了。这时候，美元和美国国债失去了部分买家，因为大家会购入欧元、人民币，美元资产将会快速下跌。同时，日本和韩国许多有利美国的金融政策也会因而修改，严重影响了美国人的收入。如果发生了这样的情况，美国能否维持在欧洲和中东的影响力，也成疑问。

再退一步，如果美国再也维持不了这么庞大驻外部队，幸运的话，它会回到一战之前：仍然是全世界最富有的国家，但已失去了世界性的影响力，只沦为同现在的中国和俄罗斯一般，只是地区性的霸权罢了。

最不幸的场面是，它的南部几个州由于墨西哥人移民太多，很可能会脱离联邦独立。如果是这样，美国将变成了不再是奥斯曼帝国的土耳其，或是不再是神圣罗马帝国的奥地利：可能比之前更加富有，但已不是大型帝国了。

8.14 结语

一个国家成为帝国，只能说是：可能是福也可能是祸（maybe a blessing, maybe a curse）。我常常说的例子：如果秦始皇没有灭掉六国，秦国至少可以多存活一两百年，正是因为秦始皇的太成功，一旦反弹，它的失败连八百年的老本也输光了。

这又有如一间公司的挂牌上市。很多时，在一间公司上市之前，它经历过不少逆境，但都撑过来了。但当它上市之后，往往会大了脑袋，把规模扩大得自己难以承受，反而导致了自身的死亡。

作为一个读历史的人，我不能不说，这是美国和任何大型帝国的宿命。但作为一个投资者，我实在无法忍受太大规模的市场变动，真心希望这事情不会在短期之内发生。

9 啤酒、泡沫、救市

9.1 前言

因为金融海啸，我写了一篇长文，论及美国和世界经济的现状和前景，其中一段说到了啤酒和泡沫论。金融海啸是一次性发生的事件，而本书的所有文章说的都是理论，但我认为啤酒论说得十分精彩，所以把其中的理论部分重写了一遍，变成了这篇文章。

9.2 货币的定义

经济学家对于货币的供应量分类成为几个层次，从M0到M1、M2、M3，我的高见是，这些琐碎的定义用来做实质的计算是必要的，但如果用来解释概念，则太麻烦了，我想不出这些定义对于学习和对人类的智慧有什么的帮助。

对于货币和杠杆，我喜欢用啤酒和泡沫来做比喻，我认为这比喻是最贴切和最容易理解的。

9.3 货币和流通速度

货币和其流通速度是等价的。假如你收到一张千元钞票，再把这张钞票烧掉，这张钞票便不复存在。相反，如果这张一千元用了两次，其效果相等于政府印行了两千元，如果这张千元大钞流转了十次，效果便相等于政府印了十张。

因此，从理论的角度看，我们不用理会M0至M3的细微定义分别，总之概念就是：印出来的钞票是基本的货币，而其流通速度则是"高级的货币表达方式"。影响钞票数量的是政府的印钞机，而影响其流通速度的就是利率：利率越高，流通速度越低，利率越低，流通速度越高。

用实质的例子去解释：利率高时，人们倾向把现金留在银行收息，不肯借钱，因此货币的流通速度便低了。利率低时，人们的资金成本相对低了，既然钱不能生钱，只有拿出来花用和投资，因此货币的流通速度便提高了。

结论是：印钞机和利率这两项因素影响了货币和流通速度，这就是货币的总数量，也即是从M0到M3数量。

9.4 啤酒和泡沫

人们通常用啤酒和泡沫去分别形容实质经济和在经济之上的杠杆。这实在是很好的比喻。

啤酒是实质，酒之上的就是泡沫，泡沫好像是没有用的东西，但是，没有泡沫的啤酒就不好喝。因此，啤酒必须也要一定程度的泡沫，正如在现代经济，也必须有一定的泡沫，才够健康。

用实质的例子去表达：如果人人都用现金去交易，没有人去借贷，银行也要关门大吉，世上就没有任何的杠杆，泡沫也就很难以发生了，虽然这并非不可能。没有借贷泡沫，就算出事了，也不可能产生金融危机。很明显，我们不能因噎废食，即是不能斩脚趾避沙虫，不可能因为害怕金融危机而不肯去做杠杆，因为这显然对经济是没有益处的。

因此，杠杆是无可避免的，问题是或多或少。换句话说，泡沫是无可避免的，问题是其多与少。经济繁荣时，杠杆增加，经济衰退时，杠杆减少，这是不变的真理。

9.5 利率是控制泡沫的小棍子

控制杠杆比率的最有效方法，就是利率，因为直接影响了货币的流通速度。我喜欢用的一个比喻：利率就像放在啤酒里的一根小棍子，它不能影响到啤酒的总量，却能影响到泡沫的数量：当你快速去转动棍子时，泡沫增加，当你转动较慢时，泡沫便减少了。这正如减息时，杠杆便增加；加息时，杠杆便减少。

9.6 政府救市

当金融危机出现后，政府的救市方法有两种，一是印钞票，一是减息。

金融危机的发生，说穿了，就是杠杆的迅速减少，又以一杯啤酒为例子，它的泡沫迅速减少了，导致其总体积也减低了。

因此，救市的方法是尽可能增加其总体积，其一是增加钞票的数量，正如联储局主席伯南克说的："把钞票从直升机上撒下来。"由于泡沫迅速减少，因此必须倒入更多的啤酒，才能维持它的体积。其二是利用利率这根小棍子，用力搅动，不停的制造新的泡沫，希望尽量补回先前失去了的泡沫体积。

9.7 救市和新的泡沫

因此，救市往往制造出另一个新的泡沫，因为钞票增多了，即是啤酒增多了。意即泡沫减少了，但啤酒则增多了。这即是说，表面看来，杯内的总体积是减少了，但实质的"料"（啤酒）却多出了很多很多。

两个原因：

1. 矫枉必须过正，因此救市必须使用更大的力度，否则便无法生效。

2. 救市和其成果存在滞后效应，意即救市的手段使出了一段时间之后，其效果才会出现。这段滞后时间，按照历史，是三个月之后会在股市出现，九个月之后会在实质经济出现。因为这滞后，救市者在出力救市时，因为看不到其成果，所以往往使出了过大力度。

只要救市的力度到达一个临界点，情况就会扭转过来：由于啤酒的份量增加得太多，一旦再撩起来，很容易产生比以前更大的泡沫。香港在2000年的科技泡沫，正是源于1998年的政府救市。

9.8 金融危机的好处

按照古典的经济学理论，经济体系会自然调节，所以救市既无效，也不必要。这句话至少很大程度上是正确的，虽然我并不同意。

我的高见是，救市只能救到金融体系，但却不能令经济复苏。经济衰退可令市场淘汰了不合格的企业，长期而言，反而更有利于经济发展。一个例子就是经济衰退时，生意虽然少了，但成本也大为减低。好几个经营餐厅的人告诉我，他们最赚钱的年头，是在2003年和2004年，因为生意虽然减少了，但成本减得更快，租金和人工不在话下，鲍鱼也从1997年高峰的六千元一斤跌至二千元一斤，在这些优秀的经营者管理之下，往往能转危为机。更何况，当同行有几间倒闭之后，生意便会涌到仍然健在的公司，故此优秀的经营者是不愁没生意的，金融危机只能洗走不善的经营者。

9.9 感冒和吃西药的比喻

虽然如此，我仍然认为，政府在遇上大危机时，救市是必须的。救市就像西医的感冒药。

你患了感冒，无药可治，唯有靠自身的抵抗力。如果吃西药，可以减轻痛苦，例如停止流鼻涕，不再咳嗽，退烧等等。但减轻痛苦的同时，也有副作用。人体对疾病的反应是治疗性的：你发烧，是为了高热可杀死部分病毒，咳嗽和痰涎、喷嚏和鼻涕都可排出病毒。吃了西药，很可能会令感冒病毒继续存在，拖长了你的痊愈时间。政府使用发货币的方式去救市，也是减轻了即时痛苦，但加长了痊愈期。

但我们并不否定西药对治感冒的帮助。毕竟，减轻痛苦在病人的角度是极其重要的。同样地，救市也能减轻经济和人民所受的痛苦，尽管这可能令衰退期延长了，但这代价是值得付出的。而且，如果发烧发得太厉害，也会烧坏脑袋，在两害取其轻的大原则下，虽然退烧有后遗症，也不得不去吃退烧药。这正如金融危机时，恐防其蔓延令大量银行倒闭，两害取其轻，救市也是必须的。

9.10 大萧条的防止

我的高见是，大萧条只会在下列两种情况下发生：

1. 基本结构的改变，例如天灾、人祸如战争战后，国家的基本战略地位的改变，等等。

2. 当衰退发生时，政府采用了错误的金融政策，即是紧缩政策，1929年的美国就是最典型的例子。

政府的救市行为虽然无法阻止经济衰退，甚至很可能延长了衰退的时间，却能有效地防止大萧条的出现。而大萧条的日子，是一个正常人一天也不想过的。因此从人道主义的立场看，救市是必要之恶。

10 去杠杆化的分析

10.1 前言

本文是写于金融海啸的高峰期,当时人心惶惶,不可终日,很多人害怕整个银行体系会"解体"(meltdown),就像1929年大萧条时一般。但我认为不可能,因为现在全世界的金融体系和1929年已完全不同,而这不同的最主要分界是它们的规模大幅扩张了。

10.2 古代的金融体系

在古代,金融体系是很安全的。你把黄金白银存进了钱庄,钱庄不会拿出来放贷,反而收取你的存仓费用。理论上,如果这钱庄没有非法经营,挪用客户金钱,也没遇上天灾,或是遭遇巨贼,这笔金银是绝对安全,不会无端消失的。

后来金融体系发展了,银行付给存户利息,而也可以把客户的存款拿出来放贷收息,但这放贷比率占银行的存款额是很低的。在当时,主要的贷款多半是由银行东主自有的资金放出的"高利贷",或者是联同一些皇室大户共同出钱的"共同投资"。

当时银行的规模十分小,如果放贷比率太高,就会很不安全。

这好比在澳门经营一个小小的赌厅，只有几张桌子，很容易被一个大客赢掉了大部分的资金。但如果是一个有着数百张赌桌的大型赌场，则因为"大数定率"，一个半个赌客，不管其赌得有多大，并不会影响到全局。同样道理，小型银行或钱庄因为客户不多，不能拉上补下，如果进取地经营，一个不小心便会遭到灭顶之灾。

10.3 古人看今人的账目

如果你得到了机器猫的时光机，回到古代，找一个钱庄的老板，叫他翻看今日银行的账目，哪怕是最稳当的一家，例如汇丰银行之类，一看准会把他吓个半死，认为这家银行疯了，很快就会倒闭。试想想，一间银行收了十足的存款，却把七八成的钱借了出去，赚取息差。这样的做法，只要一个很轻微的差池，便会全盘皆输。在古代，是没有人用这么危险的方法做生意的，当然不是没有，但一次经济萧条，便能把这些不善经营的公司一下子击倒。在一次经济萧条当中，三四成银行倒闭是"射程范围"之内的事，美国在大萧条的1929年，便有439间银行倒闭，1930年则有934间，这一年是银行倒闭的高潮。当时的美国大约有5000间银行，到了1933年，继续营业的只剩下了3000间。

任何一个正常的人，如果翻看账目，以及看金融的统计数据，一定吓了个半死，认为世界末日到了。无论是楼宇按揭、信用卡、或者是债券，所有林林总总的债务种类，根本已超越了整个世界的负担能力，如果全部爆发，全球金融一定会崩溃，而且崩溃得很惨烈。因此，每当发生金融危机时，总有一些很懂得经济的"智者"走出来，信誓旦旦地发表"金融末日论"。他们并非不懂得金融，而是太懂得、太清楚内情了。

10.4 恐怖的平衡

说穿了，今日的金融世界，其实是一种恐怖的平衡：杠杆太多，稍一差池，就会发生骨牌效应，一个一个地倒下。

从负面的角度看，它很容易就会倒下来，把世界变回洪荒时代，但从正面的角度看，这种恐怖平衡既然维持了好几百年，经历过无数次的金融危机，最终都能熬得过去，雨过天晴后，金融世界比以前更发达，而杠杆的程度亦越来越大，也即是将会越来越危险。

由于我们是"罗素的鸡"，相信归纳法，因此没有理由去相信，上一次的、或未来一次的去杠杆化会是人类历史上的最后一次。当然罗素的鸡的结果是被人宰了，但在它死前，也是不相信世事会变的。我就是这种死不悔改的"走资派"。

10.5 去杠杆化的停止

从简单的推理我们可以得知，任何去杠杆化的过程不会长期持续下去，因为长期下去，杠杆将会变成零，而这是不可能的。问题是，它跌到什么位置才反弹？

以美国的大萧条为例子，在高峰期它的存款少了42%，货币流通速度少了27%，经济下滑了54%。这是人类有了金融文明以来，在非战争期间，在先进金融国家中的最严重数字。

10.6 1929年和现在的分别

我们也不可能用1929年的情况来看今日。当时，绝大部分的金融机构的规模都很小，不像今日，一间银行在全世界可以有成千上万的分行，投资银行的员工也成千上万。以我自己为例子，我把自己视为一间只得一名员工的投资公司，要收缩业务十分容易，把司机和佣人裁掉就可以了。同样地，在1929年，金融机构要收缩业务也很容易，只要不做新生意，或者只做几位相熟的大客户的生意，甚至连员工也不用裁掉，也可度过好几年。再不，把公司关门，也是十分容易，自己退休在家，天天数钱就可以了。事实上，当时美国少掉了的2,000家银行，部分是自己宣布暂时歇业，到后来雨过天晴时，是自己选择不重新开业，而不是倒闭了的。

但在今天，金融机构不可能随便关门，要收缩业务也有限度。打个比方，汇丰银行可以裁掉一千人，但不可能裁掉三万人；花旗银行可以裁掉一成员工，但不可能裁掉五成，我们不可能见到一间大型金融机构因为经济衰退而关门清盘，把资金退回给股东。这是因为银行业做大做强了，也上了市，因此关不得门。我曾经戏说过：大型上市倒闭的也不时发生，但我从来没有见过，一间大型上市公司说经营困难，所以决定停止营业，把资产全部变卖，公司清盘然后摊分发回给各股东。小型公司则常常这样做：老板在公司上赚了二十年钱，后来因经营困难，连亏三年之后，便关掉公司，回家数钱去了。

既然银行要维持业务，就必定要继续收取存款，和借钱给客户。这即是说，去杠杆化到了一个地步，就一定会反弹，因为租金要成本，员工要发薪水，灯油火蜡全是钱，银行顶多只在风头火势时避一下风头，到了最后，不借不借还须借。黎智英的高见是因为人是贪婪的，因此生意最终还是要做下去，而我是个粗俗的人，打个粗俗的比喻，当爱滋病盛行时，妓女可能因为害怕而不敢接待嫖客，但当风头过后，妓女还是要继续。就算在太平盛世，妓女也会要求客人采取必要的防范措施。说穿了，在太平盛世，银行都会要求贷款是安全的，客户向银行借钱时，银行必须戴了"安全套"，才敢放借，只要安全系数够高，银行为了赚钱，妓女为了生活，高危的工作还是必须继续干下去的。

乐观地看，金融危机之后的放贷业务，可能更是安全。以香港的楼价为例子，在金融海啸后借钱给客户买楼，风险比在发生前还要低，皆因楼价已跌去几成，再跌三成的风险虽非没有，但也不高。相比之下，在2008年初市场高点买下的许多楼宇，不少在年底时已变成了负资产。再看远一点的历史，银行在1999年借出的楼贷，比在1997年借出，前者更为安全，因为楼价已跌去了两成。

10.7 风眼中的汇价

2008年的金融海啸，震中在美国，但美元的汇价居然不跌反升。论者有着许多解释，有些对、有些不对，但对的只及表面。事实是，在金融危机时，汇价往往是不跌反升，就是在美国的大萧条时代，也是如此。

当一个国家经济衰退时，理论上，它的货币应该乏人问津。但实际操作是它的需求固然减少了，但由于去杠杆化的速度太快，变成了货币的供应量也减少了。因为去杠杆化的速度是惊人的，相对来说，对货币的需求量反而比较没有弹性，因此货币减少的速度远远快于需求的减少，甲固然跑得快，但乙跑得更快，因此美元汇率便不跌反升了。

10.8 衍生工具的功用与祸害

这次金融海啸的肇因，是衍生工具惹祸。衍生工具表面上是新事物，但我作为一位智者，你们作为智者的读者，应该跳高一层去看：衍生工具的本质不过是新生的金融工具，而在历史上，新生的金融工具出现了很多次，例如荷兰的郁金香，法国John Law时代的密西西比股票，这些早已经很臭名昭彰了。但是，银行、股票、债券、楼宇分层出售，这些岂非曾经也是新生的金融工具？甚至是认股证这些衍生工具，也有过其"新生期"。这证明了，新生的金融工具是不停出现的，也有利于经济发现。究竟其中平衡是怎去取得的呢？

如果是新生的金融工具，参与者没有经验去评估其风险和价值，偏偏这些新生的工具又能产生杠杆，危机便很容易出现了。换句话说，衍生工具能够抵押借钱，这就产生了杠杆，因为这些是新生出来的杠杆，市场还未习惯，也没有经验去计算其风险，一时间消化不了，这就造成了潜在的危机。任何新生的金融工具，因为没有经过时间的考验，其失败风险都比较大。历史也告诉了我们，当银行、股票的新生金融工具最初出现在世上时，也导致了不少次数的金融危机，直至它们的历史长了，给市场"驯化"了，人们开始凭经验知道了其风险的所在，和避险的方法，这些金融工具才渐渐变得安全起来。

真正造成金融危机的风险，并非新生的金融工具，而是这些新生的金融工具增长得太快，占的市场比率太大，当它出现问题时，市场便无法承受了。且让我用一个例子去比喻：

你拥有十间餐厅，这公司在大部分的年间都有利润，当然也偶有亏蚀，例如在2003年的非典期间，但是你身经百战，偶然一两年的亏蚀早已在你的算计之内，难不倒你。你当然不会坐拥十间餐厅就满足，而是不停地发展，也会开新的餐厅。近年你开了一间餐厅，是日本餐厅，很是赚钱，于是你的心雄了起来，一开就是八间分店。很可惜，你完全没有开过日本餐厅的经验，虽然这一次开得很成功，可是风险管理不足，有一次，因为清洁制度有问题，客人进食后统统进了医院。这次灾祸令你八间分店都关门大吉。因为少了收入，连累到原来的十间餐厅都周转不灵，不够现金入货，也没有现金去发薪水给员工，因此出品水准也下降了。结果，在火烧连环船效应之下，十间餐厅也关掉了五间。

这个故事的教训并非劝人别要投入新生意。开日本餐厅的决定是正确的，但你只有十间餐厅的本钱，一下子便新扩张了八间，而且它还是一个新的事业，你对它的风险并没有理解清楚。再说，扩充太快时，人手不够，一定是越开越差。新金融工具的情况也是一样。

美国的次级按揭债券是早就出现了的产物，但真正的大流行，还是在2000年之后，美国的房地产泡沫互为因果地出现。香港的累计期权也是差不多的时间出现的。初时它们都是赚大钱的好生意，而且，如果生意额甚少，就算出现风险，市场也承受得来。随着它们在大幅扩张，边际收益不断下降，世上根本不可能有那么多优良项目。而市场的经验和知识都不足，根本不知道它们的风险所在，所以水准也就越来越差，风险也越来越高，终于便爆煲了。

10.9 结论：金融世界天生的不稳定本质

金融世界本来就是高度杠杆化的世界，没有杠杆，便没有金融。既有杠杆，便有去杠杆化的风险，这是原生的风险，任何动作只能减低其发生的机会率，却不能完全防止。作为现代人，存在于这世界，我们没有法子，只能接受这事实。我们不可能只接受金融的好处，而拒绝其风险。世上没有这么划算的事儿。

用一般人的理财角度去看，金融世界的风险管理极度荒谬，极高风险。操作上，它也根本不可能保持稳定，一旦崩溃，理论上，它可以跌至零的深渊，但从实际的历史去看，就算在高速去杠杆化的情况下，最多也只会消除小部分的泡沫，决不可能把所有的泡沫完全去除，就算是在1929年的大萧条，去杠杆化也只占了所有杠杆的小部分。

由于金融制度存在不稳定的天生缺陷，金融机构本身也无法防止灾祸的出现。因此，当灾祸发生时，政府必定使出有形之手去救市，从来没有例外过，唯一的但是，是政府弹尽粮绝，再没有这个能力了。作为一个投机者，最大可能得到的短期暴利，莫过于在金融危机之时，先政府一步而入市，因为政府的行动轨迹永远是不见棺材不流泪：先是任由市场调节，死到临头，才不得不出手去救，历史告诉我们，这规律从来没有变过。

11. 有关泡沫的一些笔记

11.1 前言：有关金融泡沫

在这世上，有关金融泡沫成因的研究有如汗牛充栋，多得看也看不完，只是暂时为止，没有一个解释是令大部分人满意的，也即是说，没有一个公认的结论。这么多的研究只得出一个结果：金融泡沫是存在的，成因不明，只知它以前不准时地出现，以后也会不准时地出现，扑灭它是不可能的。

这里没打算去重复前人的研究成果，因为既达不成结论，引述出来也就没有必要性。我也不打算另创一个新的理论，去解释泡沫，因为个人没有这个能力。这里只是把有关泡沫形成的原因的一些个人想法列举出来，同读者互相交流而已。我很少这么谦虚，也很不愿意去谦虚，但这确是事实，分析这个大课题，我的能力不及，要吹牛也吹不起来。

11.2 资产和泡沫

为了使大家容易明了，姑且假设世界上只有一种资产，就是田地。

如果地球只有一个人，这个人便是所有田地的产权拥有者。或者，地球由一位皇帝统治，他又是个暴君，他把所有田地视为私有。普天之下，莫非王土，这就不存在产权的问题了。又或者是，政府把土地全收走了，全归国有，这种情况下也不存在产权问题。

但现在的情况是，田地分由许多人拥有，私有产权是受到保障的。有了这个前提，下文的戏才能唱下去。

11.2.1 钞票的出现

田地依照拥有权被阡陌隔开，其中有大有小，分处不同地方。买卖单位很大，况且每块田地的面积和肥沃程度都不同，交换时很不方便。后来，有个聪明人发明了一种交换媒介，叫做钞票，拿着钞票，可以买卖田地，这样子，就算是不同价值的田地，也可以进行买卖或交换。是的，田地是有"价值"的，当它以钞票作为计算价值的单位时，叫做"价格"。价值和价格的分别，就像物理学上"质量"和"重量"的分别，前者是概念性的，后者则是概念的表达方式，有着严格定义的单位。

发行钞票的"聪明人"必然是政府，或者是大地主，即是幕前的大玩家，只要主要玩家承认钞票的地位，首先愿意接受钞票作为交换媒介，不消多久，市场就会接受钞票的价值。

11.2.2 债券的本质

同时，人们发现田地不一定透过买卖来进行交换，有两种暂时性的交换方式，一叫"借贷"，一叫"租赁"。前者的文件凭证就叫"债券",后者的叫"租约"。

11.2.3 股票出现了

有人想买一块大田,但不够钱,叫朋友和朋友的朋友凑钱去买。田地不能分割,但产权却能分割,田地所产生的利润也可分割。每人按出钱的比率收取由田地产生的利润,这种合资的权利分布,需要文件来证明。证明这权利的文件,叫"股票"。

11.2.4 外汇的出现

债券和股票都可以交换钞票。钞票这概念实在太天才了,它方便了交易,于是不同地方的人争相彷效,各自发行了自己的钞票。自此之后,不同的钞票也可以互相交换,这就是"外汇交易"了。

有一位更聪明的人,发现了钞票的大缺点:当你拥有很多钞票时,保存很不方便,因为钞票是无记认的凭据,这是盗窃的诱因。于是,他向公众提供一种服务:代客存放钞票。

11.2.5 轮到银行了

客人把钞票存放在他那里,得到的是一张凭据。这就像是田地的契,不过田地的产权记录在政府的档案,钞票的产权则记录在这位聪明的私人的手里。由于他把公司运作得很好,人们相信,把钞票放在他的手里,比拿在手里或放在家中更安全。更聪明的是,他把这些别人存放的钞票借给别人,赚取利息,这真是无中生有,天才发明。

大家猜得不错，这种接近无本生利的勾当，就是银行。

11.2.6 资产就是泡沫

到了这里，钞票、债券、股票、外汇都出现了，但是实际的财产（注意，这里用回"财产"，没有用"资产"）还是那些田地，没有多也没有少。财富是无中生有，凭空"创造"出来的。

说穿了，金融产品均是虚头，但只要市场承认它的价值，它就变成了资产。说金融市场能够创富，创出的其实不过是泡沫。我常说的比喻：只要政府允许拍卖得来的幸运车牌自由转让，市面上马上凭空多出了数以十亿计的财富。这种无中生有的创富形式，你能说不是泡沫吗？

以上的分析，是企图令大家明白，所有的金融产品，都是泡沫。正如我说过，股票不过是印刷品，成本是印刷费，没有任何的实质价值。人人承认它的价值时，能把它捧到天高，当没人要时，不过是废纸一张罢了。投资界的名句是："不要同股票谈恋爱。"我的修正案是："就算谈恋爱，也不要动真感情，更加不要有幻想。"

11.2.7 对泡沫的态度

既然金融产品是泡沫，即是本来不存在的东西，那么，无论它以任何价格出现，都是合理的。总之，这些泡沫能换到钞票，而钞票能有效地换到地球上几乎所有可以想像的货物，甚至能换到人，心灵换不了，但肯定足以换取肉体，例如要菲佣为我收拾家居，要厨师为我炒菜，要司机为我开车……用区区的臭钱令他们为我们劳动。

如果泡沫不会消失，而是可以长期存在，它就相等于实体的事物。明知是泡沫而去拥抱它，利用它来获得实质的东西，这就是金融投资的中心概念。

11.3 临界触发点

铀235累积大约超过二十千克，便会发生连锁反应，这连锁反应将会不停地加大，这就是原子弹的基本原理，也是量变影响质变的最佳例子。

（是不是二十千克，要视乎铀235的纯度而言，因此不是绝对数值）。

社会学统计的研究发现，人类的思想行为一旦超过了一个临界触发点，便会突然快速传播起来，使如说，msn和Facebook的流行，都是首先慢慢累积，过了一个临界点，便快速蔓延。这个临界点，大约是人口的5%至20%，也可以称为"tipping point"。

因此，泡沫的突然快速出现，反而是常态，因为人和人之间的传播，并非是直线的，而是过了某一个临界点，突然快速影响了整个社群。用另一种说法：当它变成了一种"流行时尚"时，羊群效应和群体压力会迫使人加入羊群的行列。试想想：当你天天来往的朋友都在讲股，你如不加入，便插不下口，变成了局外人，这是爱好群体生活的人所无法忍受的。

（我发现，坐牢的人最害怕的并非是在狱中被囚犯欺凌，而是单独囚禁。没有哪一种痛苦比寂寞和孤独更甚，肉体的痛苦反是其次。）

11.4 癌病的比喻

前些时，我因为被验出了大肠癌，便到医院做了切割手术。住院期间，看了不少有关癌症的书籍，其中一本书写了这一句话：肿瘤的生长是早期慢，后期快。

以我的科学知识，所有生物的生长规律，无不依照斐波那契数（Fibonacci number）。肿瘤生长的"先慢后快"，恐怕是错觉。假设它每三个月增长一倍，那从1cm变成2cm，所需要的时间是三个月，但从1米变成2米，所需时间也是三个月。但前者是用三个月的时间长了1cm，后者也是用三个月的时间，长了1米。虽然两者的增幅是一样，但绝对数值则大了一百倍。

金融泡沫的形成可能也是一样。参与金融炒作的人口的一成变成两成，人们可能并不为意，但从四成一下子变成八成，所需的速度也同一成变两成是一模一样的。这可以说明为何泡沫到了最后的一段时间，增长得特别快。

11.5 蝗虫的形成

蝗虫就是俗称的"蚂蚱"，它同人类争吃粮食，还懂得飞，飞时振翅的声音响得惊人。蚂蚱是喜欢独处的生物，因此虽然它吃粮食，也并非十分可怕，人类可以把它扑灭。问题是，有时候它会突然聚集成群，一起觅食，由于数量众多，一吃便把整个农田的所有粮食吃光，这就是有名的"蝗祸"，农民们惨不堪言，那就不用说了。

蚂蚱喜欢在干燥的环境生活，在这环境之下，它的生产量特别多。它的后腿有一个部位，如果给碰触到了，便会从独来独往突变成喜欢群体生活，而当在同一地方生产了大量的蚂蚱时，它的后腿给碰触到的机会便越来越大了，因此，它们便一起去觅食了，大群蝗虫同时飞过来，发出轰天巨响，一下子便把农民的收获吃光了。

泡沫的形成，恐怕也是因为人类也有这样的一条"后腿"，不过我们的"后腿"是在脑袋之中，在心理之上，是肉眼看不到的。

11.6 泡沫的突然消失

所谓的"泡沫"，意即参与者的数量增加得太快，现有的资源无法长期维持，甚至连"可持续发展"的资源也给吃掉了（一部分），令市场永远或很长的时间无法复原。

泡沫的快速消失是可以预期的。铀235如果堆放太多而出现了连锁反应，一下子就爆完了，这些铀也就不存在了。肿瘤到了末期，很快便能取人性命。蝗虫把农作物一下子吃光了，它们也得饿死。

道理很简单：按照生长的定律，从1.5625%成长到12.5%的所需时间，和从12.5%到100%所需的时间，两者是相等的。因此泡沫从形成到快速爆破，只需要很短的时间。

第五部分：

投资心理学

12 人类心理和投资策略

12.1 前言：投资就是生活

我在张小娴主编的《AMY MAGAZINE》有过一个专栏，她为这专栏改了一个名字，叫"投资就是生活"。后来杂志停刊了，专栏移到了网站，但名称不变。张小娴真不愧是才女，"投资就是生活"是我最喜欢的名字，也最能代表我的投资风格。

我的高见是，投资成绩不能从数学着眼，这也是坊间大部分投资作者所犯的最大错误。因为"投资就是生活"，投资只是人类生活的一部分，而不是全部，我们的生活当中，除了投资之外，还有许多许多的重要事情必须去做，而这些重要事情不少是同投资成绩有着冲突的，最重要的是，它们同时争夺人们的时间和金钱的使用权。

12.2 我们对人生的要求

有一款叫《从心所欲》（Careers）的纸板游戏，是在1955年发明的。它的主题就是要你发展人生事业，分数分成三方面：名气、快乐、金钱，第一个玩家在这三方面得到了总分六十分，就可以胜出。但他不能在一个项目或两个项目得到六十分，第三个项目却是零分，而是每个项目都要有起码的分数，好像是十分左右吧。这好比中学生考会考，（假设）六科加起来只要有二十分便能升学了，可是另一个要求是六科全部合格，一科不及格，其他五科纵是加起来有三十分，也没有用。

这款游戏很能说明人生。人生所需要的是一个混合，我们需要事业，也需要爱情；家庭是不可或缺的，名气等于是社会的认同，也能带给人很大的快感，这正如《从心所欲》这游戏，"当太空人"得到的金钱并不多，却是得分最高的事业，因为其快乐和名气的指数是最高的。

其中的"金钱"和"名气"，其实都可包含在"快乐"里面，因为名气和金钱能带给我们的，就是快乐，如果名气和金钱都带不来快乐，得到它又有什么用呢？进一步说，"快乐"并非准确的词汇，用经济学的术语来形容，这叫"满足"（ultility）。

人生的终极目的，就是在有限的人生当中，带给自己最大的满足。

12.3 投资是什么？

投资是财务管理的一部分。无论是一个人或一间公司，如果手头拥有现金，可以选择：

1. 把它消费掉了。（在公司而言，"消费"的一个方法是派息给股东。）

2.把它用作投资，希望能够增值，但这"希望增值"的同时，也不无遭受损失的风险。

3.留下不动，但有很多人会认为留下现金不用是浪费。

总之，我们必须记得的重点是：

1.投资只是财务管理的一部分，而非全部。

2.无论是任何的财务管理，最终极的目的并非得到最多的金钱，而是得到最大的满足。

12.4 满足的多样性

前文说过，大部分人的满足都是多样化的混合物，事业、爱情、金钱、社会地位、健康、玩乐……我们希望什么都有，而且是越多越好。当资源有限时，我们只能在所有的东西之中，选择其中自己最喜爱的混合体，而由于每个人都有个别的喜好，不同的人会有不同的选择。以本人为例，我想多点见识人生最美好的事物，我常常说的比喻：如果是为了美食，我不舍得一顿饭吃一万元；我去吃一顿贵的饭菜，只是为了见识。我为了去见识世上最好的东西，不惜花更高的代价，因为美食不能留存在舌头，见识却可以永留在记忆。另外有一些人，吃贵饭的目的是为了摆排场，或者是同心上人相处，这也是其他的得到满足的方式。

既然满足有着人人不同的多样性，投资是达到满足的工具之一，其使用方法和策略也因不同的人而有所不同。

12.5 未来的不确定性

我们为人生作财务管理时，最不可测的并非金钱上的风险，而是未来的不确定性。最有名的例子是：任何长线投资的最大敌人，是短命。是的，我们省吃俭用，去储蓄、去投资，积蓄了一大笔钱，但如果自己英年早逝，岂非白白浪费了？但反过来说，如果我们选择当"蝴蝶"，年轻时大手大脚，把钱花得光光的，却"不幸地"长命百岁，临老贫穷，那又该怎么办？

是的，由于人生有着太多的不确定性，在我们决定投资策略之时，必须想像：假使你的人生走向，同你的投资策略有着分歧时，你对哪一种走向的事比较后悔？这就是我常用的"downside（向下）思考法"，即是决定一件事之前，先想想最坏的可能性。用实质的例子去表达：你觉得"人在天堂，钱在银行"，有钱没命花比较悔恨，还是老年无依，折堕终老比较更后悔？相信大部分人的选择是两者兼得，花去一部分的钱，再储蓄一部分，当然也不乏有思想极端的人会另有想法。

12.6 边际效用递减定律

在继续以下分析以前，我们首先得明白一条简单的经济学原理："边际效用递减定律"。要解释这条"经济学101"的定理，得抽象地去说，但我不想抽象，所以不说定义，直接举例：

例子1．你很肚饿，去吃烧味饭，第一口吃下时，口腔满是肉香和饭香，这感觉太美妙了，然后你不停地吃，边际效用不停递减，终于吃到一口，你再也不想吃了，如果迫你吃下去，你会反感，再吃，简直要吐了。

例子2.某君约一个美女去逛街，第一次时，手心冒汗，既紧张又开心，先前三天睡不着觉，之后六天都在回味。后来他幸运地得到美女的垂青，常常见面，还成为了情人。到了这时，相信他决不会睡不着觉，要他回味六天，恐怕要认识新的美女，去偷情才可以了。

任何事情，只要多做了，其效用就会递减，衣食住行等花钱项目如是，美女见惯也变了寻常，就是吃药，吃多了药效也会减低。这就是边际效用递减定律。

12.7 投资回报的边际递减

人类对金钱的概念也适用于"边际效用递减定律"。

一个人从身无分文，到拥有第一个一百万，变成了百万富翁，一定是开心到跳起。但从由一百万变成二百万，虽然也会开心，但开心的程度一定及不上得到第一个一百万时。

反过来思考，假如你有一百万，再得到一百万所能得到的快感，一定填补不了你输掉一百万的痛苦。换言之，每个一百万对你本人的意义，是不同的、是边际效用递减的，一千万如是、一亿如是、十万如是、一万也如是。

循着这思路推理下去，我们投资时预期的风险和回报率，不可能是对称的。在数学上，一百万和一百万是相等的，"双倍回报和化为乌有"（double or nothing）也是相等的，所以在数学上，51%的回报已是有利。但从人类心理学的角度来看，由于我们对新加的一百万的重要性，远远不及口袋里的一百万的重要性，所以投资的风险和要求的回报，必须要远远的不对称，才有投资价值。至于这个不对称究竟有多大，那得视乎不同人的冒险精神，和其占他的总资产的比例而定。

如果某君今年是三十岁，总资产有一百万，假如有五成的得失机会，我相信最少要有三百万的回报，他才肯孤注一掷，说不定要回报一千万，他才肯去博五成机会的化为乌有。如果这个人是六十岁，很可能一百万博一亿都不会肯，因为他输不起。但如果这位仁兄的总资产有一百万，只拿十万出来博，可能他只需要十五万的潜在回报，便肯"投注"了。

怎样去计算并非本文要义所在。本文只是企图说明，投资和回报的计算并非纯由数学去决定，而是牵涉到许多的人类心理因素。

12.8 保本原则与垃圾投资

因为人们对风险和回报有着"边际效用递减"的不对称，所以所有的投资都应该以保本为大原则。因为你的所得不能填补你的所失。在数学上，分散投资于许多项高风险高回报的项目，正如开赌场稳赚一样，依照大数定律，购买大量垃圾也能达到隐阵的、保本至上的目的。前提当然是你买下的是有用的、值钱的垃圾。

12.9 长期持有的害处

生命是会流逝的，而且每一天都在消失中。很多人都会长期持有一项资产，等待它的升值，然而等待是要付出成本的，最大的成本，就是你的生命成本。

假设有两项投资项目：

1. 10年后增值20倍，但要10年后才能提取。

2. 每年增值3成，10年后可得到13.8倍，但什么时候提取都可以。

从数字来看，当然升值20倍比较有利，但如果让我去选择，我宁可选择后者：这10年间，如果我忽然有急用，都可以有着弹性，金钱的用途，就是用来应付不时之需，如果有钱而不能使用，同没钱有何分别？

以上的例子可能是极端，现实生活中不会存在。但现实的投资策略确有类似的情况，最主要例子是买入价格与价值不符的平价股票，然后静静等待市场反映其价值。我明白，如果计算没错，价值是一定会反映出来的，但等一年，和等十年，中间的分别是很大、很大的。有不少投资者买入了一些股票等待其私有化；除非他有特别的内幕消息，否则这并非明智的决定。

12.10 Other people's money的投资策略

很多时，我听见一些股评人说的投资策略，真不知好气还是好笑，因为他们的股票知识多是在课堂中学习，又或是看书而得知，学会了而不懂得变通，因而闹成笑话。但这种笑话其他人并不自知，听在我这种智者的耳中，却一听便知其错误之所在。

几乎是所有投资的经典书籍，其作者都是著名的基金经理人。这些基金经理人都有一个共同的特点，就是他们管理的都不是自己的钱。实质上，投资别人口袋里的钱，和投资自己荷包的钱，两者的策略是有着天渊之别的。

用最简单的话来说，基金经理的基金输了钱，他们照样可以领薪水，如果明年能把输了的数目赢回来，那就什么问题都解决了，就算做不到，他也没有任何的损失。但如果你用来投资的是自己的钱，那就是另一回事了。我们今年输了钱，明年可能有急用，拿出剩余的钱去治病，或去买楼，或去供子女升学，这笔本钱便没有了，输了的钱便永远是输了。换言之，基金经理能等，在他们而言，投资只是数学的游戏，只要他不要跑输给大市，便有继续玩下去的本钱。在一个小投资者的眼中，投资却是拼命的玩意，一旦输了，后果将是十分严重。

换言之，两者的分别就是经理和老板的分别，经理经营一盘生意，算的只是数学，但老板经营一盘生意，连子女升学、老年退休、未来自己生重病的可能性，都会打进这盘生意的未来策略之中。这就是两者的基本分别。因此，小投资者和基金经理人的投资策略完全不同。股评人以基金经理的模式去引导小投资者，自然是荒腔走板，文不对题了。

12.11 养儿防老，积谷防饥

古人说："养儿防老，积谷防饥。"为什么我们可以积谷防饥，却不能积谷防老呢？如果可以积谷防老的话，那儿子的负担便不会这么重了。

这是因为未来的变数实在太多，今日积下的谷，在老年时不知道是否还能存在。例如说，遇上了饥荒，或者是土匪战乱，都会把古人积下的谷消耗得一干二净。但话说回来，古人是否不去积谷呢？这又不是。古人的省吃俭用，比今人更见悭家百倍，只要有机会，他们是一定会尽量积下粮食，因为"积谷"的目的是"防饥"，即是防止在不远的未来可能会发生的意外，这是人类必须要买的"保险"。

这正如现代人投资和储蓄，是为了"防饥"：未来如果有什么事情需要用钱，也有一个缓冲，可以拿出来应急。但如果是买了三十年后才能取回本金的储蓄保险，那就变成了"积谷防老"，是很不切实际的做法了。

12.12 结语

生活就是投资。

13 有关时间值的一些例证说明

13.1 前言

投资世界的所有计算，最少都有两个变数，其中一个变不了的，就是"时间值"。本文并非物理学著作，无须在此定义什么是"时间"，反正大家都明白"时间"在日常用语的意思，这就足够了。

就算没有学过微积分的人，都知道时间值的重要性。没有时间，什么事情都不会发生。一项资产无论是升值、是跌价，都需要时间来完成。一项资产，用十分钟来跌去九成价值，和用十年来跌去九成价值，或者一年升一倍，同一天升一倍，两者对比，中间的分别是很大、很大的。

本文就是讨论时间值对真实投资生活的影响，和有关时间值的思维方式。

13.2 时间在投资学的定义

从物理学的角度看，时间定义为"熵"值的不断增加。从投资世界的角度看，时间定义为"利息收入的折让"，其中最典型实例就是"零息债券"。

假设一张"零息债券"的面额是一万元，期限为三年，这即是说，买入债券者，也即是借款者，可以在三年后收回一万元，而在这三年之间，没有一分一毫的利息可收。债券买家赚取的，并非利息，而是折扣，例如说，这张三年后到期的债券，现价是七千五百元。这样子，投资者花了七千五百元，三年后可以收回一万元，假如债券的发行人在三年后准时还债的话。用我的术语来说，投资者赚到的二千五百元"折扣"，就是时间值的折让。

分析员也常常利用这种时间上的折让值，去计算一间公司的现金流，和未来价值。总之，时间距离越远，折让额就越大。一来是因为时间可以制造收入和利息，现在的钱可以在未来制造利润，所以在现在一万元比未来的一万元更值钱。二来未来有着不确定性的风险，因此公司和未来收入的价值也得加以折让。

本文主题并非这些理论，而是看重时间值的实用性。这些定义表过就算。

13.3 在资产赚钱的情况

在一些二流分析员口中的"价值投资法"，很多时会估计一只股票的"合理价值"是若干、若干元。我的看法是，"合理价值"必须加上时间值，因为一件资产的价格定义是包含了其时间值的。

假设说，一个叫"西尼"的亚洲股神和一个叫"七叔"地球股圣，分别提供了股票贴士给阁下。他们既然分别是亚洲股神和地球股圣，贴股当然是十有十中，结果这两只优质股票：一只在一年内升了一倍，另一只则用了十年来升一倍。

猪也看得出，一年升一倍的股票和十年升一倍的股票，其分别实在太太太大了。其中最大的分别是，一年增长一倍的股票，在剩下的九年当中，还有一百零八个月的再增值机会，而后者则没有了。在上面嚓的讨论中，我们看出了时间值的重要性。像张爱玲说的："成名要早。"赚钱，也是越早越好。

13.4 在资产价格下跌的情况

假设有一个"周显"的坏蛋，向你提供了一只"砒霜"股票贴士。这位"周显"自称为"大师"，在股票界很有点声名，于是你相信了他，花了一百万元，投资在这股票之上。结果是，一天之内，这股票暴跌，一百万元剩下了十万元，你血本无归，痛不欲生。周显这衰人害得你家破人亡，你非得找他寻仇，砍他数十刀泄愤不可。但这是两人间的私怨，与本文无关，暂且按下不表。

现在又有一个叫"周宾四"的人，又给你贴士，引诱你买第二只股票。

这位仁兄所以拥有"宾四"这奇怪的名字，皆因这是艺名。话说他在家里排行第四，而他误打误撞的，进入了香港中文大学的新亚书院就读。这书院的创办人是一代大学问家兼大育家，叫"钱穆"，字"宾四"。这位周先生因仰慕钱宾四师的一代风骨，所以改名"周宾四"，以作纪念。

周宾四的人品比周显高尚得多，他不介绍朋友买垃圾股票，向你推介了一只他认为很安全的蓝筹股。你也买了一百万元。可惜这位"四哥"（话说澳门的赌客见到戴眼镜的人士，都会尊称为"四哥"，我每逢听见这名词，都忍不住笑）的人品虽高，眼光却低。他介绍的这蓝筹股实在不大妙，每逢大跌市时，它跌得比别的股票多，大升市时，它的升幅也不够其他的股票劲，经过了十年的折腾，它跌去了九成，不消说，这股票令你痛不欲生。

问题是：一只股票在一天之间跌去了九成价格，和在十年之内跌去九成价格，这两者之间有没有分别呢？答案是：分别当然很大，而这分别就是其时间值。

13.5 蓝筹股和垃圾股的分别

凡是投资，都有风险。大家不妨留心眼见的公司，究竟存在了多久？超过十年、超过二十年的、超过三十年的、超过五十年的，以及超过一百年的，究竟有多少？

我可以大胆地说，九成以上曾经显赫一时的名字，到了最后的下场，不是销声匿迹，就是烟消云散。就记忆所及，三十年前美国道琼斯指数的成份股，至今改变大约一半，而香港恒生指数成份股的改变得更多。在三十年前，如果有人购买了这些蓝筹股，一定觉得很稳妥，很安心，很值得长期投资，但如果一直持有至今，大致上不会化为乌有，但这些给剔出成份股的股票的下场实在不敢恭维，大多数失去了大半的价值。

请注意，前文说的投资期是三十年，并非一百年，如果你三十岁开始投资，六十岁把投资换成现金，以作养老，恰好是人生的平均投资时间。换言之，如果你今天是三十岁，随便买下了一只蓝筹股，三十年后它失去大半市值的机会超过一半！

从这角度看，蓝筹股的安全程度并不比垃圾股高明多少。

现很多人对于投资的安全性有着根本性的错误。他们认为，购买大型的股票，便很放心、觉得很安全，这种想法显然是大错特错。我不否认，蓝筹股的下跌风险小于垃圾股，但在下跌风险方面，两者其实分别不大。蓝筹股和细价股均有下跌的风险，两者的危险程度的分别只在"时间值"上。用具体的语言说：蓝筹股下跌九成，很可能需时五至十年，例如"电讯盈科"。但低价股只需一个月，甚至一天，就可以完成整个动作了。

13.6 陈廷桦老先生的故事

我中五才念经济学，但一直对时事很有兴趣，中三已看《明报月刊》，中四已在《明报》的"自由谈"发表时事文章。在20世纪的80年代，那是股票大旺的日子，我看到了一宗财经新闻：南丰发展的陈廷桦老先生发行了价值十亿元的其他蓝筹股的认股证，这些认股证发出后不久，便发生了1987年的股灾。

但过不数年，股市非但收复失地，比起1987年时，还升高了许多，买下了认股证的人如果向陈老先生认股，守到最后，都赢了大钱。当时，我看到了报纸的评论，有些是批评陈老先生吃了亏的，于是我把案例询问一位金融界的高手，他也是陈老先生的经纪之一。后来我有缘见到陈老先生两次，都是经他的介绍。我的问题是："陈老先生这个做法，算是赢了钱，还是输了钱？"

朋友的答案是："是赢了钱。陈先生赚的是这些年的时间值。他可以把认股证赚来的钱来作再投资，又可以多赚许多钱了。"

13.7 先蚀后赚的故事

你以1元买了A股票，明天它跌了一半，后年这股票才升至3元。你是赚了，还是亏了？把股票卖给你的家伙是赚了，还是亏了？

我常常说，我并不介意长线投资股票。但不管预算期有多长，这股票最好一买便上升，升的幅度不多不要紧，升得慢也不要紧，但千万别要一买便跌，就算跌，也不能跌太多。原因很简单，我买入这股票的时候，手里可能有钱，但世事难测，说不准下一秒我突然有急用，比方说，患了绝症，要把钱拿出来，快快花光，或者碰上了千年一遇的投资良机，总之，是要马上把股票换钱的那种情况。但如买入后，股价马上下跌，眼前的亏蚀便变成了永远的亏蚀，那就变成了笨蛋了。

（我创作的）投资一大格言是："账面利润不是真利润（这在专门术语叫"floating profit"，平仓后提取了现金，才叫"利润"。但账面亏蚀（即"floating loss"）则是真正的损失，因为你马上平仓，也只能提取少于本金的现金。因此，就算是预期长期持有的资产，也尽量避免吃眼前亏，因为眼前亏一旦吃了，如果以后"无仇报"，那就是吃了一世的亏。

13.8 结语

这篇文章是本书写得最差的一篇。我写到这里，竟发现了从上文竟然推论不出任何有价值的结论，也看不出有任何的创见。但我认为，上文的所述的例子也不乏有趣之处，尤其是陈廷桦老先生的那段逸事。所以我还是选择发表此文。

14 投资的必胜策略

14.1 必胜法门

很多人企图找出投资的必胜策略，但没有一个人成功过。

其中最接近成功的，是"长期持有论"，提倡价值投资法的信条。问题是：在有效实行这条真理时，你得首先找出值得长期持有的股票。当我们并没有一条长胜的公式去判断出哪些股票可以长时，"长期持有"只能是废话。就如周显大师告诉你："在股票市场的赢钱之道，就是买入明天股价第一升幅的股票。"这种预言，是肯定会被骂的。

其实，在投资市场是有必胜法门的，而且实证研究已证明出是绝对的真理。这条法则就是：在投资市场根本没有长胜的策略，任何行之有效多年的策略，到了某一时间，将会突然失灵，而且这突然失灵将会在一个人的有生之年发生，即是说，不会超过二三十年，最短可能是三数年。因此，如果一个人认为有一条（也只得一条）长胜的策略，只要他不是短命种，必定可以预见自己的失败。

14.2 范式的失败

以香港股市为例，在"长期持有优质股"这策略有效多年之后，突然在2008年这条必胜法门变成了黑洞，什么法则都不灵光了。从个别投资产品的角度看，累计期权曾经为投资者带来了不少利润，但结果是一文不值。香港的楼市连升了二十年，养成了人们对楼市的信心和习惯之后，跟着一跌就是七年，完完全全地摧毁了业主和炒楼者的信心。

外国学者已用实证研究证明了，任何投资策略过了一段时间，便会失效，例如LTCM的经营模式曾经是成功的，但终于还是以失败收场，这证明了得到诺贝尔奖的数学天才，毕竟敌不过市场的威力。

上文说了世上并没有长胜的策略，下文企图（但不肯定能够）说明无法长胜的原因。

14.3 无法长胜的原因

第一个原因是很简单的。投资市场就像是野外生存，物种是不停竞争进化的。当你有了进步时，只能领先对手一段时间，对手很快就能学会你的策略，然后便能与你竞争同一市场。当别人学会了你的长胜策略时，你便无法继续成为长胜将军。

正如第一个使用图表炒股票的人是天才，他就是发明"道氏理论"的Charles Dow。但当人人都使用同一张图表、同一种分析方法时，这方法也就成了必输法门，反而是使用相反理论的，才能赢钱。

14.4 包剪游戏

大家都知道玩"剪刀石头布"的规则：剪刀胜石头，石头胜布，布又胜剪刀，这是一个循环。

在大自然，根本没有必胜的生存法则。一只动物的体积大，力量愈大，便能捕食到愈多的生物，但是由于它们的觅食能力实在太强了，很容易便把食物都吃光了，这便造成了饥荒。它因为消耗体能多，所以食量也大，当食物不够时，根本难以生存。到了这时，小个子的食量较少，反而更能容易觅食，可以更容易生存下去。再其后，因为消耗减少了，食物又开始增多起来，大个子的动物又渐渐回归了……

投资世界的策略有时长期占优，有时中短期占优，两者交替而流行，很可能是基于相同的道理。

14.5 鼻屎好食，鼻囊挖穿

一种新的金融产品推出时，一定是用最好的条件去包装。但当这种产品大受欢迎时，就会出现"竭泽而渔效应"，不停地推出同类型的产品，以在市场赚取更多的资金。这时，将会出现了两种情况：

1.因为在世上根本没有太多高质素的同类产品，当产品上市的数量越来越多时，它平均的素质将会越来越低。

2.市场的资金有限，当同类产品出现得太多时，相对投入的资金便会越来越少。当资金投入的数目变成了少于商品的生产量时，其价值便难免下跌了。

由于以上两种现象不可避免地出现，金融产品的大成功反而是它的"死亡之吻"，而世上也没有一种金融产品是可以长期成功、长期为投资者赚钱的。

14.6 结语

本篇的主题并非由我所创，而是看了不少有关的金融论文，综合出来的结论，因此，再加上本人在多年来的实证观察，以及看了很多很多的金融史书籍，这几乎是不可能错的命题。

至于在前提和结论中间的推理，则是我自己的创作。个人认为，由于写作时间仓卒，所以中段写得并不理想，但既然结论没错，这篇文章也就可以带给读者在智慧上的得益。况且，在本书的十数篇论文当中，对投资最有实效的，就是本文的结论，因此，本人对于中段的推理不足，也就脸皮特厚地问心无愧了。

其实，人类的生活也是投资的一部分。我们投资的是生命和时间，希望在有生之年拿到最多的满足，而金钱游戏的投资则只是达成理想生活的一种手段。

本文的主旨是说：如果没有正确的、符合自己个性的、为达致自己人生的最高理想的理念,则不可能有正确的投资策略。因为投资只是帮助人们得到满足的手段,而非目的。